苦聖諦是菩薩摩訶薩不不也世尊異集滅道
是菩薩摩訶薩不不也世尊苦聖諦中有菩薩摩
不也世尊集滅道聖諦中有菩薩摩訶薩不不
等菩薩摩訶薩中有苦聖諦
世尊菩薩摩
有集滅道聖諦不不也世尊
聖諦有菩薩
薩不不也世尊離集滅道聖
薩摩訶薩不
尊復次善現所言菩薩摩訶薩者於意云何即
思是菩薩摩訶薩不不也世尊即四無量四無色定

JN189287

禅に学ぶ

明るい人生

釈宗演

禅に学ぶ明るい人生　目次

◎本書『禅に学ぶ明るい人生』は、一九三三〔昭和八〕年に成光館から、釈宗演述『人生明るい世渡り』と題して刊行されました。本書中に、第一次世界大戦を先の戦争としている箇所があることから、著述が行われたのは没年の一九一九年と考えられます。
◎今般の復刊に当たり、旧字・旧仮名、差別表現などを新字・新仮名、現代的な表現に改めました。
◎成光館版には、国体論について書かれた部分がありました。当時の時勢からみて当然の主張であったかと考えられます。成光館版が刊行された一九三三年は、戦時非常時体制への突入前夜であり、国家についての認識も、現在から見て偏ったところがあり、内容にふさわしくないと考えてこの度の新版では削除いたしました。

目次

目次

目次

【「安心立命《あんじんりゅうめい》」について】

一、思い通りにならない世の中

人というものは、人生の一大事に遭遇したときにかぎって、とつぜん神仏に祈願し、信仰を求め、安心を得ようとしますが、ふだんは、安心とか立命とか、あるいは神とか仏とかいうことは、まったく他人事のように思っています。

とくに自分の衣食住において、何ひとつ不自由を感じることなく、思うことはトントン拍子に進んでいくという場合には、神や仏を顧みるものはありませんが、ひとたび家庭に不幸が起こり、企てた事業も挫折をみるようになると、はじめて神仏のことを考えるというのが普通です。

およそ世の中というものは、何から何まで、いちいち自分の意のままになるというものではありません。

古人の歌にも、「三度炊く飯さへこはし柔らかし　心のままにならぬ世の中」とある通りで、当てにしたことは、とかく外れがちであり、できると思っていたことの多くは、できないものなのです。

そのたび毎に煩悶《はんもん》し、懊悩《おうのう》して、我が身の処置にも困りぬくというような人が、ずいぶんあるようですが、考えてみれば、わずか五尺のこの我が身ひとつでさえ、思うままにならないものです。まして我が兄弟姉妹、一家の事が思うようにいかないといって、いまさら愚痴をならべるにはあたりません。

我が仏教では、我々のこの身体を、「地水火風」の仮のかたまりであるといっています。これが、具合よく調っていかなければならないはずのものですが、ときどき不調となって病気を起こすように、恵まれた境遇にある人も、かならず一生恵まれた境遇にあると決まったものではありません。たちまち逆境におちいる場合もありますし、楽しみを得ようとして苦しみを得、長寿を望んで短命に終わる人もいます。

そのとき、人はいまさらのようにうろたえて、神仏の力にすがろうとします。これがすべての人々の人情というものです。

釈尊が仏教で、「現世は四苦八苦の世界である」と説かれたのは、この人生の真相を、お示しになったにすぎません。

二、真の安心立命は

このように思い通りにならない人生に対処する我々は、ふだんから、「真の我が力となるものは何であるか」と、深く研究し、思考しなければなりません。学問の力か、財産の力か、地位か、名望か、理非曲直《りひきょくちょく》の理屈か。なるほど、学問でも、ある程度までの解釈は、それなりにできないこともないでしょう。財力も、地位も、いくらかの安心にはなるでしょう。けれども、それがはたして、人生究極の大安心になるかどうか。真面目に考えなければならないのは、すなわちそれです。

学問がどれほど進歩したからといって、研究また研究、いよいよますます不可解になります。哲学者に真の安心のないのが、すなわちそれです。理屈はどれほど達者でも、やはり、理屈では打ち破ることのできないものです。まして、有為転変《ういてんぺん》の財産、地位が、つまるところ、何ほどの力になりましょう。どうしても、人間は、人間以上の何ものかをよりどころにして、安心するところがなくてはなりません。

世間ふつうの場合においては、ことごとく、「二物相対《にぶつさったい》」で、できているのが常です。どうしても、善悪、苦楽、利害、得失などのなかに埋没して、我欲を中心とした欲望のみに生きようとする者は、五十年の世渡りに、失望落胆の時期が、しばしばあるにちがいありません。

よって、二物相対の見地から一歩を進めて、絶対無限、どのようなものといえど、相抗《あいこう》することのできない、最上の権威と力のあるものがいることを、知らなければならないのです。これを宗教の力というのであって、我々は、この宗教によってのみ、真の安心があり、得脱《とくだつ》があるのです。

もとより、法の上に二義の差別はありません。けれども、人根《じんこん》に利鈍のところがあるゆえに、釈尊はその根機《こんき》にしたがって、あるいは自力と説き、あるいは他力と教えられたのです。

華厳《けごん》

阿含《あごん》
法華《ほっけ》
涅槃《ねはん》

八万四千の法門といい、五千数百余の経巻というも、もとこれ、応病与薬《おうびょうよやく》、随機開導《ずいきかいどう》です。

ゆえに、「自力を離れて他力なく、他力を離れて自力なし」といいます。単に、安心の堂《どう》奥《おう》に達する入口の門です。

それなのに、この門口において、是非の論拠を逞しくし、瀟洒《しょうしゃ》たる奥座敷のあることを知らないというのが、現今、我が国における宗派の状態であって、困ったものです。出家《しゅっけ》沙門《しゃもん》の身は、このことを考究するのが、一生の修行でありますから、ぜひとも、自己がまず、安心得脱して、しかるのち、衆生《しゅじょう》を済度《さいど》するという本分を忘れてはなりません。

三、自己本来の面目

政治家も、実業家も、教育者も、学者も、芸術家も、すべて実社会に身を処する人は、深く宗教の真諦《しんたい》に悟入して、安心の道を得るのが先決問題です。

世間の多くは、仏といえば、我ら人間とは、ぜんぜんかけ離れたように考え、極楽《ごくらく》といえば、娑婆《しゃば》と交通の断絶した別天地であるように思い、宗教といえば、実社会と遠いところにあるもののように感じる、これは大きなまちがいです。

この血潮のほとばしる生々しい身体のままに、仏陀と感応し、この有為転変の娑婆が、ただちに極楽世界と交通のできるものでなくては、真の仏法とはいわれないのです。「唯心の浄土、己心の弥陀」といって、自身の胸底深く、「これ何ものぞ」と究《きわ》め究めて究めつくしたとき、豁然《かつぜん》として、自己本来の面目に相見《しょうけん》ができます。ここに真の安心があります。

現世は仮の住まいだから、どうでもかまわない、死んでから、西方十万億土、阿弥陀《あみだ》様のおそばに楽隠居したいというようなことは、大きな誤りです。極楽は決して、西方だけとはかぎりません。

「極楽は西にもあれば東にも　来た（北）道さがせ皆な身《み》（南）にもあり」

と詠んだ古人もあります。ほんとうに我が子の挙手投足は、ことごとくが仏の往来となってこそ、真の安心があり、極楽があるのです。我利我執の寄り合い所帯は、餓鬼道《がきどう》の苦痛であることを覚らなければなりません。

もともと仏教の性質は、そのまま現世に応用ができるようになっております。すなわち、我々が自ら思い、自ら戒め、自ら行なっていることは、決して永久に消えるはずのものではないのです。仏は、この道程を発見して、教えとされたのです。

ですから、仏教の安心は、この千変万化、有為転変きわまりない世の中に在りながら、進み進んで自己の運命を改革する、その間の到処到処において、活仏教の往来となり、安心立命の本家郷《ほんかきょう》となってゆくのです。

四、そのままに寂光浄土

我々は、だれでも、赤裸々にして現世に生まれでたものです。すなわち、親からもらった畑は、お互いに立派にできております。これを草切り耕して、最後の収穫を得るようにしなければなりません。そこに宗教の必要があるのです。

宗教は道徳の基礎です。世法と仏法と、ふたつ別のものとしてあるわけのものではないのです。釈尊は、これを、

「治生産業、ただちに、実相の法門なり」

と説いておられます。事業を企てるのも、商業に従事するのも、農業に従事するのも、あるいは教鞭をとり文筆をにぎるのも、ことごとく仏道中の往来であるという、強烈な信仰がなければなりません。

むかし、ある人の、

「仏法とはいかなるものなりや」

という問いに対して、一休和尚は、ただちに次のように答えられました。

「仏法は障子の引手峰の松　火打袋に鶯《うぐいす》の声」

手の舞い、足の踏むところ、坐臥進退、これがただちに仏法です。

今日なら、ちょいと煙草をいっぷく吸うにも、マッチという便利なものがありますが、むかしの人は火打袋というものを持参しておりました。その腰にさげた火打袋の中にも、仏法は、生き生きとしております。けっして遠方に尋ね、求める必要はありません。頭上

満々、脚下満々です。

尽日尋春不見春（尽日春を尋ねて春を見ず）
杖藜踏破幾重雲（杖藜踏破す幾重の雲）
帰来試把梅梢看（帰来試みに梅梢を把って看れば）
春在枝頭已十分（春は枝頭に在りて已に十分）

一日中春を探したが春は見あたらなかった。杖をついていくつもの雲の重なりを踏み歩いた。家に帰って梅のこずえを手にとって見れば春は枝の先に十分にあった。

という古人の詩がありますが、春来れば、南窓一枝頭の梅花、鶯が来て法華経と啼く。そこに春があり、仏法があります。

我々が日用光中の一挙手一投足が、ことごとく仏法上の往来になったとき、そこに我々の安心があります。その感化、一郷一村におよんだとき、一郷一村の極楽世界が現成します。

【「安心立命」について】

それなのに、その間、寸分の心に隙があれば、五欲六塵の妄分別が威を逞しくして、ついには悔いてもおよばないことになります。

五、『沙石集《しゃせきしゅう》』中の実話

それについて、思い起こされる落語のような話があります。これは、事実ではないでしょうが、無住国師《むじゅうこくし》の『沙石集』の中にでている有名な話です。

ある山寺に、三人の僧と一人の小僧とが居りました。ある日のこと、三人の僧が互いに約束をして、一週間の間、「無言の行」をしようではないかということになりました。ちょっと、このくらいのことは何でもないように思われますが、ほんとうは容易に実行しにくいことであるのです。

そこで、一週間といえばかなり長いので、三人はこの間の用事を何くれとなく小僧にいいつけました。小僧は、ふだん叱られ通しですから、せめてこの間だけでもその埋め合わせをするつもりで、(外面は)大いに喜び快く承知をしました。

そこで三人は、いよいよ無言の行にとりかかるということになって、本堂に赴き坐禅を始めたのですが、ふと見ると、本尊の前の常灯明が、いまにも消えそうになって明滅して

います。それを見ていた一人の僧は、我を忘れて、

「これ小僧、あれほどいいつけておいたのに、何をしておるか。灯明が消えてしまうぞ」

と怒鳴りました。これが、いわゆる一種の心理作用で、その声を聞きますと、他の一人の僧が、「やかましい。無言の行じゃないか」と怒鳴りました。これも、我を忘れて注意の発言をしてしまったのです。すると、これまで黙々としていた一人の僧が、いかにも慨嘆に耐えられないといった風で、「ああ情ないことだ。せっかくの無言の行も、とうとう駄目になってしまった。黙っているのは自分一人だ」といったとのことです。

心に油断があると、たちまちの間に願行も消え失せます。この精神の準備が最もありがたいのです。禅を修行する人が、二六時中、せわしい時間を、僧堂内にあって黙々端坐するのは、すなわちそのためであって、真に安心立命を得るには、それだけの修養が必要です。

口には、どれほど泰平無事を並べていても、心中に闘争が絶えないようでは、なんにもなりません。古人も、

「道は須臾《しゅゆ》（一瞬）も離るべからず、離るべきは道にあらざるなり」

といわれております。じっさいここの道理をいわれたもので、もしも修養に心がける人は、

まず第一に、自己心内の賊を平らげ、安心の道を得てそののち、活社会に身を処すべきです。

【向上の一路】

一、尋ねよ遇わん

朝は太陽が東の空から上り、夕には西の空に没する。昼は明るく、夜は暗く、日夜同じことを繰り返しております。春が来れば花が咲き、夏が来れば緑が茂り、秋が来れば木の葉が散り、冬になれば白い雪がひるがえり、羽毛のように散乱します。そうして、年ごとにこれを繰り返しております。山は聳え、川は流れ、鳥は啼き、蝶は舞う。ずっと見ていて考えてきますと、我々の周囲は不思議なことばかりです。ですから、むかしは、地震の起こるのは地の下に大きな魚がいて、それが身動きするものだとか、あるいはまた、ギリシャの神話にあるように、プルートーという陰府《いんふ》の神が地下に在って、三叉の戈《ほこ》を揮い動かすからであるとか、色々なことを考えていたものです。

ところが、年を経るにしたがって、経験を重ねると共に人智が進歩し、この不可思議の幕はだんだん取りのぞかれ、人々は次第次第に広く真理に触れ得られるようになってきはしましたが、しかしまだまだ、人の覚り得ない不可思議のことが、宇宙にはじつに充満しております。

覚り得た場面といっては、ごくごく狭いものです。解ったようでも、世の中はなかなか解らない。俗謡に、「この垣一重が頑鉄《くろがね》の……」とか何とかという句がありますが、この頑鉄の垣に支えられて、人々は真理の大宝蔵《だいほうぞう》に入ることができず、我利妄執の雲に包まれて、東西に奔走しながら、その日その日を送っているのです。

そうではあっても、嬰児が乳を求めるように、真理を求める心の急な人は、かならずこの頑鉄を突き破って真理の大宝蔵に至り、真理を握り得ることができるのです。むかし香厳禅師《きょうげんぜんじ》といわれた高僧は、庭を掃いているとき、箒の先で掃き飛ばした小さな石が、ちかくの竹藪に当たってカチリと音を発した一刹那《せつな》に、自己本来の面目を徹見《てっけん》し悟了《ごりょう》されたのです。

これは、ニュートンが、林檎の落ちたのを見て、その一刹那に宇宙に引力があるのを知ったのと同じで、間断なく真理を尋ね求めて工夫を怠らなかった結果です。

キリスト教の聖書に、

「尋ねよ、さらば遇い、門を叩けよ、さらば開かるるを得ん。……誰か、その子、パンを求めんに、石を与えんや」

という句がありますが、このことをいったのです。『管子』という書物にも、「これを思い、これを思い、また重ねてこれを思い、これを思うて得ざれれば、鬼神まさにこれを告げんとす」という語があります。共に意味は同一です。

この真理の大宝蔵に向かって進むころを「向上」といい、向上する道を「向上の一路」というのです。見てごらんなさい。一滴の水も年久しくポタリポタリと落ちてやまないときは、ついには磐石さえ孔を穿ったのです。人々も修養に修養を積んで、この大宝蔵に向かって、向上の一路を怠らず進むときは、かならず道筋に横たわって障碍《しょうげ》となっている頑鉄の垣を突破し得て、一大歓喜を得る時期が到来するのです。

さて、向上の一路を辿るについて、この頑鉄の垣を突破するについて、それにはいろいろの道具が必要なのです。その道具を使用し、またその道具の使用法を研究し工夫するのが、すなわち修養です。

その道具にも、種類はさまざまにありますが、ここにわたしが見て最も必要であるとするもの六つを挙げて、青年諸君のためにいささか蒙《もう》をひらこうと思うのです。道具の名を挙げておきます。

第一、艱難《かんなん》
第二、悔悟
第三、信仰
第四、博愛
第五、感謝
第六、希望

二、逆境は人を作る

第一が、「艱難」です。

艱難という道具はまことにけっこうな道具です。西洋にも、「逆境は人を作る」という諺があります。中国にも、「艱難汝を玉にす」という古語があります。

金殿玉楼に住み、山海の珍味に飽き、出入ごとに多くの侍女にかしずかれるという順境にある人は、これを幸福かというとけっして幸福ではないのです。幸せものかというとけっして幸せものでもないのです。世間ではこれをうらやましく思うかも知れませんが、じっさいはまことに気の毒なものです。これらの人々は、真理の大宝蔵に到達する前に、早くすでに順境によって殺されてしまうのです。むかしから、殿様はほとんど莫迦《ばか》と決まっています。殿様のように順境にある人で、莫迦になってしまわない人は乏しいのです。むかしから世間でいう、莫迦殿様の語は、まったく事実です。順境にあって、なおかつ怠けない人は、よほどの偉人です。達人です。

逆境に在るというと、この逆境に打ち勝とうと努めるところに非常な力が生じ、これによって真理の大宝蔵に達する向上の一路を勇往邁進《ゆうおうまいしん》することができます。したがって、大道をさえぎる頑鉄の垣を突破し得るのです。

貧困な家に育った青年は、不幸ではなく幸福です。富貴栄華《ふうきえいが》は人を瓦にしますが、艱難は人を玉にするのです。ろくに親の温かいふところに抱かれることもしないで、三度の食事も粥をすすって暮らさねばならないといった不自由な境界に生れた人は、決して不幸せだ、不運だと思ってはなりません。これほどの幸福、幸せはないと神明仏陀に感謝しなければなりません。このような境遇にあって、これを脱け出そう、他人の世話にはならないと奮然興起《ふんぜんこうき》する間に、青年は偉くなるのです。

三、痩せ我慢を去れ

第二が、「悔悟」です。およそ人として過失だと知ったとき、じきに改めて再び真理の宝蔵に向かって大道を進まねばなりません。それなのに、多くの人が過失と知ってもなかなか改めない。「アア悪かった」とすぐに頭を下げないで、「ナーニやっつけろ」といった調子で、自己の非を遂げようとするから困ります。せっかく真理の宝蔵に向かって進んできたのが、かえって背反して進むことになります。これを痩せ我慢といいます。

痩せ我慢というやつは、はなはだ善くないやつです。人はこの痩せ我慢を去ってしまわなければなりません。何ごとにも痩せ我慢を起こして、「俺はこれでいいんだ」と威張り散らしてはいけません。いったん、非と知ったならば翻然として悔悟し、これを改めるのにはばかるところがあってはなりません。

孔子も、『論語』に、

「過ってはすなわち改むるに憚ることなかれ」

と教えておられます。悔悟すれば人間が小さくでもなるかのように考えて、痩せ我慢を発揮するのは大きな心違いです。

大人物になると、翻然悔悟していささかもはばかることはないが、小人物になると、どこまでも痩せ我慢を押し通して、いよいよ横道に深入りする。悔悟の遅速は、じっさい人物の大小によって分かれるところです。

あらゆる罪悪は自己を偽り、己の非を非としないところから起こるので、こうして罪悪に罪悪を重ね、ついには罪業の雲霧におおわれて、生涯真理の光明を認め得られないことになるのです。それゆえ『伝燈録』にも、

一切業障海　皆由妄想生（一切の業障海は　皆妄想より生ず）
若人欲懺悔　端坐念実相（若《も》し人懺悔せんと欲せば　端坐して実相を思え）
衆罪如霜露　慧日能消除（衆罪は霜露の如く　慧日よく消除す）

海のようにひろがる一切の業や障りは妄想から起こるもの。もし懺悔したいと思うなら、

端坐して実相を思い、悪かったと心から告白して態度を改めることのほかにない。

とあります。かりにも真理の大宝蔵に向かって、向上の一路をたどろうとする人は、翻然悔悟することを恥辱と心得るような痩せ我慢の妄想を、サラリと大海に投げ捨ててしまわなければなりません。自己の過失を飾るかのような青年は、智恵の足りない男です。過失と見れば、じきに改めて憚るところのない人間でなくては、とうてい天下に立って大事を遂げ得られないのです。じっさい悔悟はその人の人格を偉大にするものです。自主自尊、自我の魂を尊重する天下の青年は、それを三度深く思案しなさい。

四、信仰は大元動力《だいげんどうりょく》

ドイツの詩人ゲーテが、「信仰はあらゆる知識の極度である」といっています。知識がゆき詰まったとき、眼前に横たわっている頑鉄の垣を突破して、真理の宝蔵に進み入る智恵と力を与えてくれるものは、「信仰」です。

信仰は、これを喩えると、舟や筏のようなものです。人間の生涯は、

「水の流れと人の身の」
と謡の文句にもあるように、ただこれ生死《しょうじ》の流れです。この生死の流れを渡る舟筏は、すなわち信仰です。舟筏なくして江海は渡ることができないように、信仰なくして人生の海を渡りとげることはできないのです。

世間で信仰というと、たんに慰安を得て気休めになるものだくらいにしか解していませんが、そればかりではなく、大きい力となり、人にあって活動させ得る大元動力になるものです。

信仰は、人に勇気を与えます。活気を与えます。そうして、人にあって獅子奮迅《ししふんじん》の勢いをふるい起こさせ得るものです。信仰を得た人は、飢えた人が食を得たようなものです。

真理の大宝蔵に向かって向上の一路を驀進《ばくしん》しようとする青年は、信仰なくして途中の障壁、頑鉄の垣を突破することはできません。とうてい、それだけの力を得られるものではありません。

【向上の一路】

仏教では、信仰を称して、一に「大覚」ともいい、この大覚を得た人を、「覚者」といい、「仏陀」と称します。

大覚とは、分かりやすくいえば、「さとり」です。

「自覚、覚他、覚行円満」（自ら覚り、他をして覚らせ、覚りのはたらきが完成していること）の境地に至ったのが、覚者、すなわち仏陀で、仏陀になったほどの人は、信仰によって真理を徹見する力があるので、決して知識がゆき詰まりになってしまわないのです。向上の一路を驀進しようとする青年が、信仰を要するわけはここです。

かのゲーテのいったように、信仰はいかにも知識の極度にちがいありませんが、それと同時にまた知識の端緒でもあります。絶対に空想を排斥して実験を主とする今日の科学的研究法においても、基礎となるものは信仰です。信仰なくして弁異統同《べんいとうどう》を行ない得られるものではないのです。帰納も、推理も、批判もでき得るものではありません。ところで、この信仰はそれなら何によって得られるかというと、それは宗教です。宗教は何の宗派でもかまいません。わたしは青年諸君にまず宗教を勧めます。

五、世の中は乗合船

今日の世の中は、水の上とさえいえば、到るところに蒸気船があって、まことに便利なものでありますが、むかしは乗合船といって、老若男女が芋を洗うときのように、一つの船にゴッチャになって乗り合い、大坂から伏見などへ、淀川を上ったり下ったりしたものです。この乗合船では、果物であるとか、菓子であるとか、あるいは酒あるいは弁当と、いろいろの食べ物を売る人が船の中に居て、乗合船の間を、「食らわんか食らわんか」と呼んで持ち回ったものです。ですから、乗合船のことを当時、一名、「食らわんか船」とも称したものです。

我が国の音曲に『乗合船』という一曲があって、よく正月の芝居などに演じられますが、あれを見ると、乗合船のお客には、若旦那もあれば、芸者もあります。鳶の頭もあれば、白酒売りもあります。万歳もあれば、お店の若い衆もあります。まことに千差万別でありますが世の中というものは、ちょうど、この「食らわんか船」すなわち「乗合船」そのままです。

貴賤貧富、老若男女の乗合で、もし自分一人力みかえって、他の乗客に迷惑のかかるのもかまわず、わがまま勝手に振舞ったとしたなら、とうてい納まりがつかず、人々は平和にその日を送ることができません。

「四海同胞である」とか、「人間はすべて神の子なり」とかいう言葉は、地球上到るところで唱えられておりますが、まったくその通りであって、人間はことごとく、平等のものです。人種の差によって隔てをなすべきものでもなく、国を異にするからといって、その間に差別的観念を抱くべきものでもないのです。

ところが、さて、実際問題に触れてみますと、なぜかなかなか、そう理屈通りには行かない。父子兄弟でさえ、なお墻《かき》に鬩《せめ》ぎ、一族縁類相寄って利益を争う有様です。平和の世界であるべきはずのこの天地が、阿修羅道《あしゅらどう》になってしまって、ときどき、屍山血河《しざんけっか》の大惨状を呈します。

むかしのように、文明の簡単であった時代には、慈悲もあまねく行き渡ったのですが、今日このごろの複雑な文明の時代には、電車に乗るにも戦闘態度を取らないとなりません。他人の迷惑も顧みず、がむしゃらに押し込んで入らなければなりません。汽車に乗っても、一人分の賃金しか払わないで、座席は三人分くらいを横領し、他人が寄り付こうものなら、恐ろしい目玉で憎そうに睨むといった状態です。こんな有様では、世の中の前途が案じられてなりません。

「旅は道連れ世は情け」

という諺がありますが、志ある青年が、勇往邁進、向上の一路を辿り、真理の大宝蔵に入り込もうとしても、自分一人の力では容易のことではないのです。なかなか、障壁たる頑鉄の垣を突破しにくいのです。

世間の人々、老いた人も、若い人も、男も女も、互いに相助け相寄って、力を一つにして進めば、その力は大変大きなものとなり、どんな堅城鉄壁《けんじょうてっぺき》でも突破できないことはないのです。

この相助け相寄るところに、「博愛」というものがあります。

博愛とは、他でもなく、慈悲をもって他に臨み、抜苦与楽《ばっくよらく》の精神を忘れないことです。人々に博愛の精神がありさえすれば、どんなに物騒な世の中でも、じきに静まりかえってしまうものです。そうして、この博愛精神は、宗教によって信仰を得さえすれば、自然に生じてくるものなのです。

六、境遇に感謝せよ

第五は、「感謝」です。どれほど勇気があり元気があっても、心中に愉快というものが皆無であったならば、とうてい、人は向上の一路をまっしぐらに、すべての障害を排除して真理の大宝蔵に突進することはできるものでありません。どれほど世間の人と和合し、博愛の精神をもって世を渡ろうとしたところで、とても、それは駄目です。一日を暮らすにも、なお骨の折れるほどのものです。

ギリシャの神話に、あるとき、神様たちが、アルゴー船と称せられている五十人漕ぎの船に乗って、金羊毛探検のためにと出帆されましたが、海上において船が動かなくなってしまいました。どうしても動かない。神様たちは困りきってしまわれました。すると、名をオルフォイスと呼ばれていた神様がおりまして、その神様が竪琴を奏されましたところが、はじめて船が動きだしたということです。人の一生もそんなものです。愉快ということが皆無であっては、とうてい人生の波は渡り得られるものではありません。老青年を問わずことごとくそうです。

それならば、愉快にその日を送り得るにはどうしたらよいだろうかといいますと、あえて弦歌を耳にし、酒池肉林《しゅちにくりん》の間に遊ばねばならないという必要はありません。顔回《がんかい》という人は、一箪の食、一瓢の飲、陋巷《ろうこう》（狭く汚い町）にあってよくその楽しみを楽しんで、一生涯を終わられたものです。人は心の持ちよう一つでどれほどの境遇にあっても、無限の愉快を感じ得られるものです。

それには感謝ということが必要です。どれほど困難なことが降りかかってきても、どんなに逆境に枕倫して居りましても、感謝してこれに接し、これを迎えさえすれば、人はみな愉快にその日を送り得られるものです。たとえ一枚の衣しかなく、ブルブル震えているにしたところで、まったく一枚もない人に比べれば、有難いことであると思い、感謝の心を起こすのがよいのです。渋茶一杯汲んでもらっても、ああ有難いと感謝してこれを受ける。そうすれば、汲んでくれた人も愉快になり、汲んでもらった人も愉快なのです。

どれほど酒池肉林の間に天下の美味を集めたところで、自己の境遇地位に不平不満があったり、他人のすることが癪にさわったりするようでは、けっして、愉快に世渡りはできないのです。落語家の小さんがいつもよくやる『小言幸兵衛』のように、朝から晩まで小言の絶え間がないというようでは、自分の不愉快はもとより、附近の人の不愉快と苦痛は、一通りや二通りではないのです。

自分の不平不満を他人に対して当たり散らしたところで、それは愚痴というものであって、少しも役に立つものではない。むだに不愉快を重ね、勇気を鈍らすだけのことです。青年は、とうぜん愚痴をこぼすことなく、どのような境遇にも感謝してこれに接し、自己を磨いてくれる恩人であると考え、有難く感謝の意を致さねばなりません。

七、浄土に導く光明

感謝のほかに、また人を愉快にさせてくれるものは、「希望」です。この希望がなかったならば、人生というものは真に無味乾燥のものでありましょう。青年がどんな鉄壁をもこれを突破し、真理の大宝蔵に向かって驀進し得るのは、希望を抱いているからです。一つの希望を達成しても、さらに、別の希望が生まれる。希望に続く希望によって、絶えず、連続する希望を抱懐しているからです。理想のない人には、進歩がない。人に進歩があるのは、理想があるからです。

青年が逆境に立ったとき、周囲から迫害排除されたとき、この逆境に感謝し、迫害排除に感謝して、

「これみな自己を玉にしてくれる他山の石である」

という考えを起こして、勇往邁進し得るのは、将来に理想があるからです。赫灼《かくしゃく》とした希望の光が前途を照らしているからです。それゆえ、苦を苦と思わず、労をも労としないのです。一歩一歩と向上の一路を辿り、真理の大宝蔵に向かって進み得るのです。他人が鬼

のような態度で迫り、他人が悪意をもって我に接してきても、我は善意をもってこれに接し、仏陀の心をもってこれに対し得るのは、みな、一に希望があるからです。理想を有しているからです。

古歌に、

「人を皆な吉野の花と思ひ見よ　我れを浪花のあしといふとも」

というのがあります。この歌のように我に希望さえあったならば、どれほど世間から虐待され、他人から罵詈讒謗《ばりざんぼう》されたところで、それをすら吉野の花の美に対したように見てとり、悠々迫らず、楽しく愉快な生活を営み得るのです。希望は、人を、この世からなる極楽浄土に導くのです。青年が、向上の一路を辿り進むに当たり、常に希望を眼前に描くことを忘れてはいけません。希望を失った青年は、ついに、まったく、進歩の止まってしまった青年です。

【宗教的信念】

一、世間法と仏法とは

一休和尚の詠まれた道歌の中に、

「仏法は障子の引手峰の松　火打袋に鶯の声」

というのがあります。仏法と世間法とは同じものです。ですから、仏法は、障子の引手にも、峰の松にも、腰にぶらさげた火打袋にも、梅の枝に鳴く鶯の声にもあります。世尊釈迦牟尼仏は、法華経の中に、「治世産業仏法に違背せず」といわれております。治世産業とは、文字通り、生業を治めていくことと殖産興業とです。この釈尊の語を平たく簡単にいいますと、「百姓が鍬《くわ》を担いで働く、商人が算盤をはじいて商売をする、大工が鋸《のこぎり》を持ち、各々家業に勉強して居るのは、少しも仏法に違背しない」ということです。釈尊が霊山会上になされた広大無辺の説法も、要するに、峰の松風、沖の白波の世間法とけっして別なものではないのです。

二、無明の酒に酔って

仏は、梵語《ぼんご》の仏陀の略であって、覚と漢訳します。「さとり」という意味です。禅宗の悟りは、何か水瓶から火でも出るようなことのように考えている人もあるようですが、けっしてそんなものではない。いま述べたように、仏は覚で、「さめる」ことです。何が覚めたかといいますと、夢が覚めたのです。

もとより仏という心の本体には、眠りもなく、夢もない。それなのに、心の鏡に息をかけたように、不覚の心を起こし、お互いに無明の酒に酔って、いろいろな夢を見ている。これを弘法大師が、

色は香《にほ》へと散りぬるを　我が世誰れぞ常ならむ

有為の奥山今日《けふ》こえて　浅き夢見し酔ひもせす

と歌っておられます。文字の手ほどきをすると同時に、知らず知らず宗教の心得を教えられたものです。すなわち、無常観を示したものです。「世の中は三日見ぬ間の桜かな」で、宵の桜を見ては、また明日の朝見ようと思っている間に、散ってしまっている。ここにおいて、厭世観ということになります。

世の中は、常に変り変っている。まことに有為転変の世の中です。ですから、一方には厭世観に見えるけれども、これがすなわち進化なのです。我々が仏の説かれた教えによって覚めた境界を手に入れることができたならば、それが悟りを開いたというものです。

三、宗教的信念の発露

むかしから、偉人といわれるほどの人々は、みな宗教的生活をしています。徳川家康、豊臣秀吉、上杉謙信、武田信玄、楠木正成のように、いずれも、千軍万馬の中にあっても宗教的精神をもって事に当たっています。ですから、強いのです。

強いといっても、毒蛇や猛獣のようなものが強いのではない。真に強いというのは、慈悲心が一番強いということです。豊臣秀吉や徳川家康のように、城を攻め、国を取ったということばかり目をつけてはいけません。その裏面を知らなければなりません。裏面には宗教的信念が確乎としてあります。

命のやりとりをする中で、家康は六万遍も名号を絶やさなかったと書いてあります。敵の首を斬りながら、

「南無阿弥陀仏」

を唱えていたのです。負け戦さも多かったけれど、ある場合には、「自分さえ死ねば他の者には難儀をかけぬから」と、自刃して果てようとしたこともありました。常に命を投げ出してやっておりました。この真剣家は、みな真心から出るものであって、宗教的信念の発露に他ならないのです。

四、隣の宝を数えるな

我が仏教は、けっして、年寄り仏教ではない。老人より若い人に必要です。世間の人々

は先祖代々がどうであっても、一人も無宗教の人はいないはずです。なぜなら、人は生まれると同時に、みな神様、仏様のことは知っているからです。

知っていながら、信じないとはどうしたものか、宝の持ち腐れといわなければなりません。道元禅師は、

「空しく送らんは恨むべき月日なり」

といわれました。この意味をもって宗旨を信仰なさるがよい。あるものに頭を下げるのではない。自分自身に仏の本体をそなえているということを信じるがよい。何も隣の宝を数えるには及びません。その宝は自分の家に在るのです。

つまり、宗旨に入るには、各人が「心の眼」を開かなければなりません。この二つの眼ばかりあっても、「心の眼」を開かなければ、道理を照らすことはできません。一寸先は闇なのです。

五、須《すべから》く心眼を開くべし

すべて形の上のことは、心よりも劣っています。この五尺の身体が可愛いために、美味

しいものを食べたい。よい衣服を着たいと思うのでありますが、この身体はいつも美しいものではありません。

有為転変の世の中にて、赤ん坊が生まれた、可愛い盛りになったかと思うと、歳とって恐ろしい姿になるから、はやく「心の眼」を開かなければならない。「心の眼」さえ達者であれば、恐れることはありません。

南無阿弥陀仏を翻訳すると、「無量寿物《むりょうじゅぶつ》」となります。無量寿なら、皺も寄らなければ腰も曲がらない。いよいよますます健康になるのが、阿弥陀仏の本体です。

ですから、この宗教というものは、「形而上」において仕事を勧めるので、肉眼より「心の眼」を開くことを説くのです。死んでからのちの冥土の必要ばかりではない。老人になってからでなければ要らないというわけでもない。活発発地に働いている上に、仏法が現れて、世法仏法一枚にならなければならないのです。

【向上向下の修養】

一、緊張した精神をもって

進歩と退歩とは相対的なもので、一方が進歩するに対して、他方が進歩しなければ、その進歩しないものはただ進歩しないばかりでなく、それがやがて退歩となることは、かの汽車の走っているときに、窓外の物を見ると、みな、後へ後へと走っているように思われるのと同じです。

いっさいは進歩する。その中にあって、我のみ進歩しなければ、我はすなわち退歩するものです。進歩か、そうでなければ退歩であるから、我々は一刻も油断することなく、大いに世と共に進歩すべきです。

二、目は高く足は低く

進歩発達はまことに必要なものです。向上の精神がなくては、ついに死物となってしまうほかはない。けれども、向上向上といって上ばかり見ていると、えてして溝の中へ落ちやすい。目は高く天を望むべきでも、足は一刻も地を離れることはできません。我々は進歩向上を計る間において、常に、自己の脚下を照顧《しょうこ》することを怠ってはなりません。今日の人々は、物質上の進歩発達を望むことははなはだしいもので、物質上の利益を得るためには、奮励努力して、一刻も空しくしない有様でありますから、いまさら、この方面における進歩発達を奨励する必要はないといってもよいほどです。あまりに発展向上を望む結果、ついに道徳を無視し、人道を蹂躪《じゅうりん》して平気で恥じないという有様です。そこで古人も、

「意は毘盧《びる》の頂寧《ちょうねい》を踏み、行いは童子の足下を拜す」

と教えられました。心は高いところを望むべきでありますが、そこに達する行いは細心の注意を払って、人道に反することなく、道義を無視しないように努めるべきです。「意は毘盧の頂寧を云々」という語は、禅門の修行上についていったのでありますから、これをもっ

ただちに処世上のことに関する教訓として当てはめるのは、いささか妥当を欠くきらいがありますが、その意を得るときには、ただちにもって処世の箴《しん》とすることができると思います。

三、両者相伴わなければ

禅門においては、常に、向上向下相離れるべきでないことを説く。禅門における向上は、「仏何ものぞ」「我何ものぞ」と、いっさい万有を超越した精神をいうのです。「一切衆生悉有仏性」の見地からすれば、物と我とちっとも尊卑の別はない。無差別平等です。

丹霞天然《たんかてんねん》禅師が、かつて、慧林寺に行き、仏殿から仏の木像を担ぎだし、これを焚いて暖をとられたことがあります。これは、丹霞が、向上の玄底をたたいて為人の作略を示されたものです。決して、ことさらに奇矯な行いをして衆人を驚かし、もって一時の快をとろうとされたものではない。

丹霞の眼中には、仏も凡夫もない。仏像だから有難い、枯木だから有難くないといったような、尊卑軽重の差別はないのです。

丹霞は、一面に、このような大見識を有しておられましたが、一面には、また、行持すこぶる綿密なものがありました。いわゆる、

「意は毘盧の頂寧を踏み、行いは童子の足下を拝す」

とは、天然禅師のような人をいうのです。

世間、日常のことの上にも、向上と向下、進歩と退歩とが、常に離れず行なわれなければなりません。それゆえ、儒教においても、あるときは、孟子《もうし》が、「舜、何人ぞ。吾れ、何人ぞ」と教え、あるときは、曽参《そうしん》が、「日に我身を三省す」といいました。

禅門の上から見ても、向上と向下とは離れるべきでないものです。知目行足《ちもくぎょうそく》といいますが、目で見ても、足で進まなければ、目的のところに達することはできない。向上の見識がどれほど高かったところで、向下の行がこれに伴わなければ、修行の上乗に達した人とはいえません。

【智情意の三修養】

一、修養はだんだんに進む

世間の諺に、

「桃栗三年、柿八年」

なんてことをいいますが、これは、嚼味《しゃくみ》すると、大きな意味があります。樹木を一本植えても、三年とか八年とか経過しなければ実を結ばない。高いところへ登るにしても、かならず低いところからでなければなりません。このようなことは誰でも知っていますが、さてその実行となると、どうも、この心掛けを忘れて、一足飛びに頂上に達しようと焦ります。

かの水の滴りは、僅少であるけれども、ついに大器に満つるようなわけで、雨垂れが一滴ずつ落ちるのは、実にまどろっこしいけれども、滴々としてやまないときは、大きな器物にも充満するのです。それと同じ意味で、「塵も積れば山となる」ということもあります。我々がまことに修養しようという心掛けを起こした以上、今まで述べたような心でかからなければなりません。

さて、修養ということは、このごろ、どこへ行っても、心ある人は、これを口にしている。すでに、口にしておるのは、その必要を感じたからで、いわば人々各自が自覚してきたのです。

どうしても、人間は、技量があるばかりではいけない。仕事ができるというばかりではいけない。少なくとも、人格というようなものを鍛え上げなければいけない。品性というものを高めなければいけない。そこで、この修養です。

修養とは、文字の通り、修め養うということでありますが、それは、一朝一夕にできるものではないのです。

近ごろ、何かにつけて、長足の進歩ということをいいますが、なるほど、一跨ぎに進むのは爽快な心地がする。けれども、修養に至っては、なかなか一足飛びにはいかない。だ

んだんに進んで行くのです。すなわち、
「桃栗三年、柿八年」です。

二、修養法の二大別

ところで、その修養には種々なやり方がありましょう。身体から修養するのも一つ、また心から修養するのも一つ、大別すれば、この身体の修養と、精神の修養との二つに帰するのです。

しかし、これは仮に分けたものであって、だいたい、我々の身体と心とは、分けようがなく、ちょうど、声と響きとを分けようとしても分けることができないし、形と影とを分けようとしたところで、分けられるものでないのと同じように、密接な関係どころではなく、ほとんど、裏と表といったような親しい間柄です。そこで身体の修養とか、心の修養とかいうのは、仮に分けていうのです。

この身体と精神とは、それほど、親しいものでありますが、私どもの立場から考えると、心は主であって、身体は客といってもよかろうと思います。しかし、これは学問と宗教との立場によって異なるので、かの唯心論者からいえば、心がどこまでも主であって、唯物論者からいえば、物がどこまでも主です。けれども、主と客とは、地を変えれば同じものです。

少年少女の時代は、心とか何とか、そういう深いところに入らなくても、まず身体の方からこしらえていったならよかろうと思います。身体でなしたことは、かならず心に及ぼすもので、その影響するところはすこぶる著しいものです。制服でも着て、行儀正しく坐ると、心もまた正しくなる。ところが、だらしなく横臥でもしておると、やはり心もまた寝ておるようになるのです。ニコニコしていると、心まで愉快になってきますが、もし額に青筋を立てて渋りきっていると、心までが毒々しくなるものです。それで、むかしは、「敬」というような字をもって、修養法の規矩《きく》として教えた人がありました。

三、理・智・用の完全を

ハーバード大学のウィリアム・ジェームズ*という人は、

「心というよりも、まず、身体に重きを置いて、身体を取り乱さぬようにせよ」

と教えていますが、我々の眼が涙をこぼすから悲しい気になり、顔がゆるむから可笑しい気になるのだというのです。それで、門下生に、常日頃、坐禅のようなことをさせた。すなわち姿勢を正しくして、全身の力を気海丹田《きかいたんでん》、すなわち、臍の下に満たして黙考させた。そんな塩梅《あんばい》で、修養ということも、身体の上から種々しなければならないことが沢山あります。坐るようなことばかりでなく、冷水摩擦とか、海水浴とか、あるいは深呼吸とか、撃剣とか、柔術とかで、すべて、その中に修養の気が含まれていると思います。

さて、心から修養するのは、どうかといえば、我々の理想は、いうまでもなくわかっています。まず、「真」とか、「善」とか、「美」とかいうようなものが、理想です。教育の目的を進めてゆけばこの点にくるのであって、わたしの宗教も、また、その通りで、「戒定《かいじょう》慧《え》」というものを修して、「理、智、用」の完全を期するものです。

しかし、

「理、智、用」

とか、または、

「真、善、美」

とかいっても決して、その心は別々にあるというのではない。もとより一心の三方面について、仮に、真とか、善とか、美とかいうような名を付けているのみです。されば、修養にも、智的修養があれば、情的修養もあり、また、意的修養もあります。

＊アメリカを代表する哲学者、心理学者。弟は小説家のヘンリー・ジェームズ。

四、智的情的の修養

人間は、誰でも生まれ落ちると同時に、智恵が開けてゆく、そうすれば疑いが同時に起こってくる。可愛い赤ん坊がようやく口が利けるようになると、これは何かと疑問を発する。これすなわち物事を知りたいという心の作用を有している証拠です。されば西洋人も、

「疑問は半ば解釈なり」

といっている。疑いを多く持っている人は、智恵の多い人といってよい。学問に進んでゆけば、進んでゆくほど、疑いが増してゆく。その疑いを一々道理に照らし、解釈してゆくのです。そういう塩梅で、智恵が進むと共に、一方には我が心を修養してゆかなければなりません。それが智的修養のやり方です。

次に、情的修養でありますが、この情的修養は、享楽という意味をもっていなければな

りません。すなわち一つの趣味を心から産みだすのです。その情的修養の中にいろいろありますが、「文学」とか、「美術」とか、何かと数えれば限りがないが、それを好奇心に供するのではないのです。

たとえば、朝から晩まで、鍬を手にして耕作しておっても、また算盤をはじいておっても、権利義務の法律に従事しておっても、仕事そのものについて、品性を高めてゆくという一つの趣味を産みださなければなりません。逞しい武夫でも、戦乱絶え間ない時代において、それが必要です。

磐城国石城郡窪田村（福島県いわき市勿来町）の山中にある古関祉は、勿来関《なこそのせき》といって有名です。八幡太郎義家が、奥州に軍を出したとき、この勿来関にさしかかると、ちょうどそのとき、春風長閑《しゅんぷうのどか》にわたって雲と見紛うほどに咲き盛った桜花が、雪のように繽紛《ひんぷん》と散り、冑も花、鎧も花、身はいつしか画中の人となり、逸興にわかに湧き、詩情自ら動き、

「吹く風を勿来の関と思へども　道もせに散る山桜かな」

とくちずさんだ。兵馬倥偬《へいまこうそう》の間にあって、この雅懐《がかい》ある、いわゆる、英雄の胸中、閑日月《かんじつげつ》ありというべきです。それから、中国の三国時代のことで、かの『三国志』を見られた人は知っているでしょう、魏の曹操《そうそう》は、名高い英雄であるが、呉の臣、周瑜《しゅうゆ》という豪敵を前

に控えながら、赤壁で鉾を横たえつつ、

「月明かに星稀れに烏鵲《うじゃく》南に飛ぶ」

と口吟している。その風流洒落の心をもっていたことは、今日でも想像ができます。それから、文政年間の女流俳人である花讃女《かさめ》＊の句に、

「つひ戻る心で出たを夕桜」

というのがあるが、いかにも優美です。つい（すぐに）帰る心で出たのだが、紅雲棚引く夕桜を眺めては、早く帰れなかったというので、その人の優しさが見えます。こういう風に、情的修養に一つの趣味を有しているのです。そこで、一幅の掛物を見ても、無量の感化を受けるのです。

こういう意味において、謡曲を聴いても、演劇を観ても、何らかの善い感化を受けるようでなければなりません。なお、義太夫でも、流行歌でも、聞きようによっては情味の修養になる。西洋の家庭を見るとかならず楽器がそなえてあるし、卓上には宗教の書籍とか、または文学上の書籍が置いてある。それだけ見ても、家庭の中に、情的修養の準備ができているということがわかるでありましょう。

＊江戸時代後期の俳人。

五、強き意志の力を

次は、意的修養ですが、これは意志の方です。換言すれば、「心の力」のことです。どれほど智恵があっても、情が麗しくても、この意志の力というものがなければ、すべて無駄になってしまう。ゆえに、智恵が頭であるならば、情は胸である。そして、意志はあたかも二本の足のようなものである。何か一つ善いことをしようという目的を定めたならば、「千里の遠きも一歩より始まる」で、外物に目を触れず一心不乱に進んでゆくのです。それはみな意志の力です。

近ごろ、流行する腹式呼吸なども、毎日、欠かさずやるのは、ずいぶん難しい。冷水摩擦も、一か月や二か月はできるが、それ以上はなかなか続かない。ところが、意志の力をもってすれば、このようなことは、容易《たやす》く続けることができる。この意志的修養は、我々において最も必要なことであると思います。

一つの仕事をし遂げようとするには、どうしても意志の力が強くなければできない。

「優勝劣敗」

という熟語は、多少の語弊があるようでありますが、確かに一つの真理です。どうしても人間は努力しなければならないのです。我々はどこまでも奮闘しなければならない運命を有している。生存競争の世の中に立っては、努力しなければ落伍者となって後に残されてしまう。よって我々は、智的修養もしなければならないし、また、情的修養も尊ばなければならず、さらに、意志の修養というものに最も重きを置かなければなりません。

今一度、繰り返せば、

「智恵は頭　情は胸　意志は手足」

に当たる。こう三つ揃ったところで、はじめて、完全な一箇の人間が成り立つのです。もし、手足と頭が立派に調っていても、胸が不備なら、完全とはいえない。頭と胸が揃っても、手足が足りなければ、進取の方法は行なわれ得ない。だから、人は、この三修養の完成を期さなければなりません。

【正師を選べ】

一、知解分別の重荷を

むかしでも、今でも、正師は得難いものです。書を講じて三教の学に出入し、横文字を並べて思想の新しさを誇り、公案を拈提《ねんてい》して巧みに説教をする人はあるかも知れませんが、文字以外、拈提以外に超越し徹底した、真箇、光風霽月《こうふうせいげつ》（さっぱりとしてわだかまりがないこと）の鉄漢には、容易に会えないものです。

文化の発達した今日の世では、金力と体力さえあれば、法律でも、哲学でも、文学でも、語学でも、あらゆる学問が楽々と修行できるように、研学の機関が完備してはいるが、我が禅門の修行に至っては、これらの完備した機関をもってしても、けっして楽々たるものではない。

これらの機関は、文学を知り理屈を覚えるには便利でありましょうが、我が禅門の修行とはほとんど没交渉といっていい。というのは、禅門の修行は、かえって、いっさいの理屈を奪い取ってしまう修行であるからです。

むかし、厳陽尊者が、趙州和尚に対して、

「一物も将来せざる時如何ん」

一物も持っていないときは、どうでございますかといって訊ねられると、趙州和尚は、

「放下着《ほうげちゃく》」

万事を投げうってしまえと答えられた。すると尊者は、重ねて、

「すでに一物も持っていませんのに、何物を捨てるのでございますか」

といって訊ねられると、和尚は、

「何も無いなら、そのまま、担ぎ投げにしてしまえ」

といわれた。尊者は、

「自分は一物も持っていない」

と自慢しておるが、実は、

【正師を選べ】

「一物も持っていない」

というものを持っておるのです。

いったい、いくら書籍を読んで知識を豊富にしたところで、理屈で禅のわかるものではない。理屈や学問で禅がわかるくらいなら歴代の祖師は、決して、あのような艱難辛苦《かんなんしんく》はなさらない。真実、禅門に入ろうとする人は、まず第一に放下着が必要なのです。あらゆる知解分別の重荷を下ろさなければなりません。

古来の参禅問法者は、みな血の涙を流して、一生懸命、骨折ったものです。けっして、道楽半分に禅をやったものではない。それには、正師を求めるということが真っ先に最も必要な事柄です。

二、極力師承を貴ぶ

むかし、二祖慧可《えか》大師が、雪中に臂を断たれたのも、我が国の数多くの高僧たちが、はるばる海を渡って入宋されたのも、みな、この正師を求めてのゆえでありました。まことに歴代の祖師方は、広く山川を跋渉《ばっしょう》して、この参師問法のためには、辛酸をなめられたものです。

我が禅家では、入室参禅ということが最も重要視されている。この入室参禅によって真《しん》箇大悟底《こだいごてい》の人であるという証明が与えられるので、この証明によって三千年後の今日まで伝えられている。この証明は一私人の人情によってなされるのではなく、仏祖に代って与えられる証明です。

ですから、いくら「立派に悟っておる」と自らは許していても、無師独悟の自分免許は、我が禅家では決して取らないのです。それらを天然外道とがめている。

学人、もし、ひとたび師家の室内に入ったならば、その見解の深浅と真偽は、鏡に照らすように明瞭です。けっして相似の禅を許さない。また、真偽、得ているものなら、浄土、聖道、自力、他力を問わず、誰でも参禅してこの証明を与えられるのです。

こうして、この証明を与えられたのが、大悟底の人であって、これを嗣法という。一器の水を一器に移すように、嫡々相承《ちゃくちゃくそうじょう》して今日に至っている。これを正師家というのです。

むかし、当時の儒宗をもって鳴った為長卿と、禅門の大宗匠として推されていた聖一国師とが、たまたま思いがけなく荘厳蔵院において同席されたことがありました。その折り丞相藤原氏も一緒でありましたが、

「今日は、はからずも、両雄期せずして相会せられた。幸いの好機、儒と釈との決戦が承りたい」

とのことでありました。すると、一座の者はみな賛成しました。そこで、いよいよ決戦が開かれました。国師、まず一問を発して、

「承れば、卿には、多年、儒術に従事せらるるとのことであるが、実際でござるや」

と訊かれると、為長卿は、

「いかにもさよう」

と答えられた。国師、重ねて、

「我が仏心宗では、仏々、祖々、相伝えて今日に至っておる。たとえ、いかなる妙悟を得るも、博学多才であっても、いやしくも師授により証明を得ない以上、それは虚説ということになっておる。それがし、不肖なりといえども、釈迦如来より五十五世、達磨《だるま》大師より二十七代の末葉、嗣法の小師でござる。強弩《きょうど》の末（弓）、魯縞《ろこう》を穿たずとも、なお系図の嫡々相承をもって釈氏と称す。今、釈をもって儒を考うるに、儒もまたかくのごとくであろう。知らず、卿の孔子を去る、幾代の孫なるや」

と急所を突かれると、卿は口をつぐんで、一矢も報いられなかった。他日、左右に向かっ

て、

「荘厳蔵院の法戦中、大いに儒仏を論じるつもりであったが、彼れ、まず、世系をもって我れを詰《な》じる。我れすでに重圍《じゅうい》の中に陥る」

といわれたようだが、我が宗で師承を重んじることはかくのごとくです。

三、師の邪正に随って

それでもしかし、真に、見惑思惑を断じた師家は、なかなか容易に得られないものです。もし、このような師家に出会うことができたならば、まことにけっこうなことであるが、それができないとすれば、見惑を断じた人に随侍するがいい。

日本曹洞宗の開山、道元禅師の垂訓に、

「機は良材の如く、師は工匠に似たり、たとえ良材たりといえども、良工を得ざれば綺麗未だ彰われず。たとえ曲木といえども、もし好手に遇わば、妙功たちまち現ず。師の邪正に随《したが》って、悟に偽と真とあり。これをもって暁《さと》るべし」

と仰せられております。

師は工匠のようなもので、学人は材木のようなものです。たとえ、良材であっても、良工を得なければ、綺麗が彰われない。また、たとえ、曲った木であっても、良工に会えば、かえって、それが面白く使われて風致のあるものとなる。なんにしても、材料の妙用は、工匠である師家の活手《かっしゅ》にあるから、学人はよろしく良工である正師を選んで随侍しなければなりません。

そうして、いよいと正師に随侍したなら、不惜身命《ふじゃくしんみょう》、ひたすら、弁道に骨折らなければなりません。楊岐山方会禅師の偈《げ》に、

楊岐乍住屋壁疎（楊岐はじめて住するや屋壁まばらにして）
満床皆布雪真珠（満床みなしく雪の真珠）
縮却項暗嗟吁（項をちぢめひそかに嗟吁し）
翻憶古人樹下居（ひるがえっておもう古人の樹下に居せしを）

というのがあります。深く坐禅三昧に入って、なにもかも忘れ果てていたが、ふと気がつくと、ここは楊岐山の破れ寺で、吹き込んでくる雪が膝にまで真っ白くかかっている。

おお寒いと我れ知らず項を縮めたが、いやいやそうではない、古人が樹下石上の修行に比べたならば、こんなことなどはなんでもないと思い返したという意味です。

むかしの高僧方は、みな、このように刻苦せられたものです。今日のように僧堂に安坐して居る学人は、これを思って、よろしく大いに勇猛精進しなければなりません。白隠禅師も、この故事を歌に詠んで雲衲《うんのう》や居士《こじ》を励ましておられます。

「忘れては寒《さび》しと思ふ床の雪を　払ふひまなき人もありしに」

【死とは何ぞや】

一、生を知らず焉《いずく》んぞ死を

むかしから、多くの宗教家や哲学者によって、「死」という問題は、しばしば繰り返されている。その中で、孔子が、

「未だ生を知らず、焉《いずく》んぞ死を知らん」

といわれた語は、子供の時分から聞いているので、よく耳に熟しています。子供心に聞いたときには、なんでもないことのように感じていましたが、今になってこの語を味わうと、味わえば味わうほど深い深い趣きを覚えるのです。

なるほど、この生という語が了解できたならば、「死」の問題は自ずから解決のつく話で

す。ところが、なかなか了解できないのです。

我々が「死ぬ」ということを考える前に、まず、この「生まれ出た」ということが、実は大問題です。「生とは何ぞや」、この問題が解決つかないうちは、孔子の言葉のように、「未だ生を知らず、焉んぞ死を知らん」ということになります。

二、吾人は常に死と同居

もともと、世人が死を予想するに当たり、常にこれに伴って起こり来る一種の感情があります。この感情はなんであるかというと、それは「恐怖」と名づける感情です。

ところで、この恐怖という感情はどこから起こって来るかというと、実は、死そのものの正体がはっきりしないためです。

人は、みな、この「死」に対して、多少の恐怖を抱いていない者はないと思う。中には、ずいぶん、悟った顔付きをして、「死生は一如である」とか、また、「死生一に帰す」とか偉そうに口を利く者もあるが、深く内心を検《しら》べてみたならば、いくらかの恐怖は、必ず、抱いているはずである。「死」ということが、とかく人生の大問題となるのは、この恐ろしいという影が常に伴うからです。

しかし、「死」は、突然、各自の身に起こってくるところの現象ではありません。この「我れ」という箇体の死は、決して、にわかに迫り来る魔の手ではない。我々が母の胎内から、オギャアと飛び出すと同時に、一刻一刻、死の手は我々の身に迫りつつあるのです。

科学上から「死」というものを見たならば、我々の心臓の運動が止まり、脈拍の絶えたときであるが、わたしにいわせれば、日一日、刻一刻、我々の色身《しきしん》は死につつあるのです。人は生まれると同時に長じて行く。少年期、青年期はしばらくおいて、中年から老年に移る過程において見ても、頭は禿げる、髪は白くなる、やがて、歯落ち、皺寄って、しまいには死に至るのです。人は生まれると同時に、死に向かって歩んでいる。さらに進んでいうと、人は生まれると同時に死魔と同居している。人間の老衰は一朝一夕に到るものではない。人間の死滅も一朝一夕に到らない。生まれると同時に、少しずつ老衰死滅に歩みつつあるのですから、生まれると同時に死と同居している次第です。

人間は、常に、死と一緒に起き、死と一緒に歩み、死と一緒に寝て、死と一緒にお膳に向かい、死と一緒に談話をしているのです。畳も死、布団も死、家も、蔵も、衣服も、食物も、書物も、筆も、みな死であるということができます。

このように、我々は、死と共に眠り、死と共に食い、一息一息死につつある。いま、死人が何か喋っている、人々がそれを聞いている、死人が何か書いている。死人が何か担いでいる。世界はことごとく死の世界です。だんだんに死に、時々刻々に生死変易《しょうじへんえき》する。仏教では、これを、「分段生死」、「変易生死」といっています。

以上、述べてきたように、我々は、常に死と同居し、死と共に起臥していながら、どうして、人は、死を恐れ、死を厭うのでありましょう。実に愚かなことといわなければなりません。我々は、常に、生きつつ死に、死につつ生き、働きながら死に、死にながら働いているではありませんか。なにも、暗闇の中から、突然、お化けでも出たように、いまさらびっくりして騒ぐにもおよばないことです。

三、吾一生の句悉く辞世

むかし、俳人として高名であったかの芭蕉翁が、大坂の宿舎で重病に罹られたとき、枕頭を取り巻いた門人共が、今のうちに辞世の一句を聞いておこうと、「師のご病気も大分重いようでございますから、何か、ご辞世をお残し願いとうございます」というと、翁は「我れ正風を起し、古池の句を吐きしより以来、今日まで、幾百千の句作、みな一として我が辞世ならぬはない」といわれたそうだが、じつに芭蕉という人は、俳句の名人というのみでなく、悟道、また、尋常でなかった。ふだんの一句一句が辞世であるというのであるから、一刻一刻死に処していたのです。我々の死に対する態度もこのようでなければなりません。

我が仏法では、

諸法従本来、常示寂滅相

（諸法は本より来て常に自ら寂滅の相なり）

といいます。いっさいの現象は、もとよりこの方、常に死滅の相《すがた》を示しています。人は、ここに心を据えて居るならば、死生はつまるところ一に帰するのです。

なぜかといえば、人は、もともと、無限の時間内に、死に死に生き生きしているのでありますが、いま、長く横に棒を引いて生死の連鎖とし、その極端と極端とを結びあわせ、すなわち、生の端と死の端とを一つにして円相《えんそう》とし、これを横から眺めてみたならば、どうでありましょう。いっさいのものは死んでいると同時に生きている。「死である」「生である」といっても、どこにその区別がありましょう。生死は一如です。生、そもそも何か、けっして執着するに値しません。死、そもそも何か、けっして恐怖するに当たりません。

四、熱時は闍梨《じゃり》を熱殺す

むかし、一僧があって、洞山和尚に向かい、

「寒暑到来の時、いかに回避せん」

と訊くと、和尚は、

「無寒暑のところに向って去れ」

と答えられた。それなら、その無寒暑のところはといって聞くと、

「寒時は闍梨を寒殺し、熱時は闍梨を熱殺す」

といって答えられた。


これを禅宗の提唱などでは、なかなか難しくいうが、こんなことは、悟らないでもわかりきったことで、寒い寒い暑い暑いとこぼすから寒暑がある。寒いときは、その寒さと同

化し、暑いときは、その暑さと同化してしまう。そうしたなら、どこに寒暑がありましょう。死も、生も、その通りであって、死生と同化してしまえば、死も生もないはずです。

また、むかし、これもある僧が、さる古徳に向かって、

「いかなるかこれ涅槃の心」

大悟徹底して、不生不滅の涅槃の彼岸に到った心、すなわち、生死なきの心とはなんでございましょうと尋ねると、その古徳は、

「生死の心を除け」

死ぬとか生きるとかの心を、サラリと捨ててしまえといわれた。すると、その僧は、それなら、その生死の心とはなんでございましょうと問うと、

「涅槃を求むる心、すなわち、これ生死の心」

と答えられた。じつに妙味津々の言葉です。

また妙心寺の關山《かんざん》国師のところへ、一人の雲水が訪れ、

「生死事大無常迅速で、寸時も猶予がなりませぬ。なんとかお示しを願いとう存じます」

というと、關山国師は実に率直なものです。ゴテゴテ道具立てをなさらない。

「慧玄《えげん》が這裏《しゃり》に生死なし」

慧玄は国師のお名前です。「わたしのところに生死はないよ」といわれた。快刀乱麻《かいとうらんま》を断つような適切な言葉です。この一句で、たいていの迷いははれてしまわなければならない。我々の死に対する態度はこれでなくてはなりません。生死に同化し、死生一如を観じ得たならば、そのとき、はじめて、死中に活を得ることができる。そうして、今までは恐るべき敵であった死は、こんどは自分の味方となって相親しむでありましょう。

【死とは何ぞや】

【欺かざる心】

一、自心を欺くなかれ

心は明鏡台のようなものです。自心を欺くということがなかったならば、人生の苦楽浮沈、なにものか我々のために憂いをなすものがありましょうか。ぜんたい、人の、この心というものは、刹那刹那に移り変わって、かれを思い、これを考えてやむときがない。その移り変わってゆく刹那刹那には、とかく、自心の光明が覆われて、外物のために自ら欺かれやすいものです。

世間の人は、宗教とか信仰とかいえば、「お経の中にあるものだ。お寺へ行かなければ得られないものだ。僧侶に会わなければ求められないものだ」と思っているようですが、それは大きな間違いです。けっして、ワザワザそんなところに求めなくても、自己本心の発露するところ、そこに、宗教は躍如として現れているのです。

「夜もすがら仏の道を求むれば　我が心にぞ尋ね入りぬる」

で、喜怒哀楽に妄動している迷いの心の中に、信仰はチャンと現れ、道はチャンと存しているのです。

太宗皇帝《たいそうこうてい》は、

「人は銅を以て鏡となす、我れは人を以て鏡となす」

といっておられるが、じつに、味わいのある言葉です。他人の善悪は、ただちに、ことごとく自己の教訓となるものであるが、先方が我れを憎悪し、我れに敵対するならば、我れはそれを敵とせず、むしろ、かれを愛すると共に自己を反省するがよい。そのとき、すでに自己に対する災禍は免れ得ているのです。憂いを転じて楽しみとなし得ているのです。

悪人を救いやるということは、仏菩薩の御心です。親は不幸な倅ほど可愛くてならないというが、仏菩薩もまた悪人ほど、ますます、慈悲を垂れて救おうとなされるのです。浄土門では、弥陀如来のふところに凡夫は抱かれている。

「善人すら猶ほ往生す、況《いわ》んや悪人をや」

の意味は、その辺にあるのです。

このように、自己本心の手に、この信念が生じたならば、「誠の心」すなわち「欺かざる心」、なおいい換えれば「宗教的真心」です。これが、自然に現れきて、ただ自己一身が闇迷の苦境から脱し得るのみでなく、さらに進んで偉大な生命を発揮するに至るのです。

二、無限の大生命を

世人は、死をもって、人生の一大苦痛としている。しかしながら、生死は、ちょうど、昼夜のようなものです。昼は活動するときであって、夜は寝るときです。毎日、業務に励精しているところは、すなわち生の活動であって、毎夜睡眠につくのはすなわち人生の死滅です。生は舞台に上がったときで、死は楽屋に休んでいるときです。別に生として楽しむべきところもなければ、死として悲しむべきところもないのです。まさしく、夜々の安眠は明日の活力を畜養するもので、人生の死は、またさらなる偉大な生命を永遠とする、刹那の安息ではないでしょうか。

この宇宙が、時間的空間的において無限であるように、我々もまた無限なるものです。

この信念あって、はじめて、生命の価値、人生の意義は生じるのです。自己を欺く心行は、我々が要求してやまない無限の大生命を実現するのに、最も障害となるものです。

誰もが悪夢のために、夜中、熟睡できなかったときには、明日の法力に大きな障害をきたすに違いありません。我々の心行がふだんにおいて邪悪のために妄動していたならば、また、けっして、安楽にして偉大な生命を実現することはできないのです。自心を欺かず、誠の心を持ち、かたい宗教的信仰に生きている人であって、はじめて、無上の大安楽は得られるのです。

三、大勇猛心の発動

世間で、宗教というと、じきに、世間離れのしたもの、現世の役に立たないもの、厭世者の信ずべきもの、現代に活動しようとする人には、かえって害のあるもののように思われているのは、はなはだ了見違いのことといわなければなりません。

宗教とは、いままで述べてきたように「誠」の教えです。自己に確固《かっこ》不抜《ふばつ》の元気を涵養《かんよう》する教えです。「誠の心」とは宗教心です。宗教心のない人間は、どうして、今日の煩瑣な社会に立って行くことができるでしょう。

宗教は出世間的であると共に、大いに現実的です。世間的です。治生産業は完成するのです。現代社会の渦中に投じて、万難を排除し、立派に事業を成し遂げるその元気は、宗教的信仰によって得た真面目な大勇猛心でなければなりません。この大勇猛心は「誠の心」の発動です。我々、もし、自ら省みて一毫《いちごう》の疚しいところなく、一点の自らを欺くところがなかったならば、自ずから心広く体ゆたかなるものがあるでありましょうが、もし、これに反したならば、けっして、社会の表面に立って、公々然と活動することはできないのです。虚偽をもって世間の風習であるかのようにいう者は、暗中飛躍をもって、一生涯を太く短く暮らし、しまいには野たれ死にでもしようという莫迦者どもの妄語であります。まことに嘆じるべく憐れむべき考えといわなければなりません。我々は、たとえ、臥薪嘗《がしんしょう》胆《たん》の辛さであろうとも、どれほど赤貧の苦に泣こうとも、一点曇りない清空を仰がなければなりません。そうして、自心の光明を自覚したときには、どれほど、いい知れない歓喜と大元気とに満たされることでありましょう。

四、至大至高無限の

以上のように宗教というものは、人に慰安を与えるばかりでなく、処世上最も必要な活力を涵養するものです。世に、英雄豪傑といわれ、聖人君子といわれる人たちは多くが貧窮身に迫る家庭に人となったものです。これらの人は、他から動かそうとしても動かすことのできない、堅い信念を有していて、社会の事物と戦い戦って、ついに勝利を占め得た人です。

ところが、先祖代々の遺産に生き、安楽の中に人となったものは、社会の何ものなるかも知らず、我が儘な放縦生活をしてきているから、自己の心に落着きがなく、ブラブラとして、さらに緊張したところがない。それゆえ、一朝、事が起こって、昨日の栄華は夢と化し、今日は辛い憂き目を見なければならないというときになると、悲観、懊悩、手も足も出ないで、ついに自己の破滅をきたすことになってしまうのです。

このようなことは、容易にないようなものの、世間の万事に意を留めて見ていると、我々の一身というものは、深淵に臨むような、薄氷を踏むような状態にあることに気づくでありましょう。焼けば灰となり、費消すればなくなる家屋や財宝はいうまでもないこと、分散すれば影さえも見せないという四大仮和合の身をもって、なにを頼りとし、どこが安楽なつもりでしょう。有為転変は古今の常規です。今日あって明日なき身命と知ったならば、頭燃《ずねん》（頭髪が燃えている＝危急のたとえ）を救うように、自性を徹見し、はやく大生命を自覚して、無限の得果を成就しなければなりません。このところに気のついたときは、はや宗教心の発露したものです。

五、穢土《えど》そのままが浄土

人は万物の霊長であるというが、すべての方面において、ことごとく他動物に優れているというわけではない。人の歩みは馬の早さにはおよばない。人の泳ぐといってもなお魚の泳ぐには劣る。人は精神あるをもって他の動物に勝るといっても、禽獣にも劣るふるまいが社会の到るところで演じられていないでもない。

一例をもっていうと、他の動物の生殖作用は自然的です。決して無理なところがないが、人間になるとなかなかそうではない。ただ、社会の制裁を恐れて人間らしくしているというまでです。それで、もし、その羈絆《きはん》（束縛）がなかったならば、落花狼藉《らっかろうぜき》、まことに目も当てられない醜行が演じられるに決まっている。じつに浅ましいことです。

およそ、人と生まれたからには、なんらか意義ある生活を営まなければなりません。宗教の必要はそういう点から自然に起こってくるのです。死人を取り扱うのが宗教者の天職ではない。少なくとも、世人をして、他の動物と違って、人間らしい人間にさせ、この人生を有意義にしたいというに他なりません。

「楽しみは夕顔棚の下涼み」という句がありますが、まことにそうです。たとえ、金殿玉楼に住み、絹や錦に身を装い飾っても、それでかならずしも真の楽しみが得られるというものではない。朝から晩まで汗水流して働いたのちの一合の晩酌は、どれほど大きな慰安を与えるでありましょうか。夫婦共稼ぎで炎天に車を引くとき、一樹の下に休息する五分間はどんなに楽しいでありましょうか。

我々はどれほど砕身《さいしん》の苦しみがあっても、確固不抜の信念を抱き、自心を欺かない誠の道を辿っていたならば、この穢土（現世）そのままが浄土であり、汗垢に汚れたこの身そのままが仏心であり、一挙手一投足、ことごとくこれ仏作仏行なのだと自覚するでありましょう。

【夢】

一、五蘊仮和合《ごうんけわごう》の身

むかしの人が、

「人生は大夢の如し」

といっているけれど、人生は、まったく、大きな夢です。ですから、「浮世は夢」とか、また、

「夢の浮世」

「夢の世の中」

「夢の世界」

などの言葉があります。『楞厳経《りょうごんきょう》』の中にあったと記憶しているが、

「仏のたまわく、阿難よ、想蘊尽きる者は、この人、平生、夢想消滅して、而も、寤寐《ごび》恒一なり」（寤寐＝目ざめている時と眠っているとき）

ということがあります。

「蘊」とは、積聚《せきしゅう》の義であって、五蘊といって五つに分かれている。すなわち、「色蘊・受蘊・想蘊・行蘊・識蘊」です。色蘊は、いっさいの質礙《しつげ》あるものの総称で、わかりやすくいえば、物質です。次の受蘊は、外界より受ける感触で、すなわち、外界から物を受け取る心の働きです。そうして、想蘊は、一口にいえば、想像です。行蘊は、遷流の義で、水の遷り流れるといったわけです。最後の識蘊は、意識の中に溜め込むといったようなことです。

そこで、我々の身体は、五蘊所成のもので、定まった相なく、「無自性不可得《むじしょうふかとく》」です。ゆえに、皆空《かいくう》という。『般若心経《はんにゃしんぎょう》』に、

「観自在菩薩、深般若波羅密多を行ずるとき、五蘊皆空なりと照見す」

とあります。わかりやすくいえば、我々の身体は、五蘊が、一時、かりに、因縁によって和合して成立したものです。ですから、「五蘊所成の身」または、「五蘊仮和合の身」とい

うのです。

二、水鳥の行くも帰るも

五蘊の解釈をこまかにすれば、限りがないから、まずこのくらいにしておくが、さて世間の人が「夢」「夢」といっているのは、まったく、頭脳の作用に他ありません。それで現実がすべて夢です。臥床に入るまで怒鳴り散らしたり、苦しんだり、悲しんだり、楽しんだりするのが、すなわち「夢」です。それで苦しい、悲しい、現実の「夢」に際会しても、悲観的ではいけない。失望的に世の中を見てはいけない。引っ込み思案ではいけない。あたかも水の上に字を書くようなもの、あるいは、空中に字を書くようなもので、跡を残さないところに味わいがあります。ところが、雪や、泥に、字を書くと、跡をとめる。それは、執着するからです。それゆえその時々に応じて、一点の囚われるところがなく、洒々落々として、あたかも、天馬が空をゆくようでなければなりません。これが、大乗仏教の悟りの境界です。

道元禅師の御和歌と覚えていますが、

「水鳥の行くも帰るも跡たえて　されども道は忘れざりけり」

というのがあります。この御和歌を、よく味わってもらいたい。いま、語ったように、一点の囚われるところがなく、洒々落々として居るならば、朝から晩までの行為は、あたかも、水鳥のゆくように、けっして、道を外すことはないのです。

三、荘子夢に蝴蝶《こちょう》となる

むかし、荘子が、夢で蝶になったということがあるが、思うに、これは、蝶が、分相応に働いていて、ひらひらとして心の欲するところに従うという寓意であって、よほど、軽快のことと思う。

世は大夢です。しかし、我々の見るのは小夢です。世界の太平も、戦争も、また、夢です。歩一歩、夢を進めて行くならば、その楽しみ「洋々として春の如し」です。

『大般若の疏《しょ》』に、

「久しく金剛不壊《こんごうふえ》の寿命を持って福慧を増長し」

ということがあります。金剛とは堅固の意義で、すなわち、金剛のように堅固であって、けっして、破壊しないこと、仏心を喩えて金剛不壊の身といいます。なお『涅槃経』に、「我れ護法の故に金剛身を得たり」とありますが、堅固である身、すなわち、身心の平安を得て、外境のために動揺されることのない不壊心のことを、仏心に喩えたのです。そこで、この金剛心、換言すれば、堅固な心でいれば、現実のどんな悪夢もなんということはない。前にいった『楞厳経』の「この人、平生、夢想消滅して、而も、寝覚恒一なり」で、平生、夢想消滅して、そうして、寝ても覚めても恒一で、常に同じ境界におらねばならないのです。

【我が座右の銘】

一、与える者と受ける者

　これは、わたしどもが、常々、経験することですが、「与える」場合、これを「受ける」人しだいで、その結果に、大変な相違があります。どんなつまらない事柄でも、善人がこれを受けると、善く我身のためとしますが、どんなに善い事柄でも、受け手が悪いと好結果を果しません。

　わたしは、今、ここに、わたしの「座右の銘」を掲げ、これについて一場のお話をすることにしましたが、受けられる諸君が、よく味わってくだされたならば、多少なりとも諸君に利益のあることであろうと思われます。まず、「座右の銘」を掲げましょう。

〈座右銘〉

一、早起未更衣　静坐一炷香
二、既着衣帯　必礼神仏
三、眠不違時　食不至飽
四、接客如独処　独処如接客
五、尋常不苟言　言則必行
六、臨機莫譲　当事再思
七、莫妄想過去　遠慮将来
八、負丈夫之気　抱小児之心
九、就寝如蓋棺　離蓐如脱履

［意味］

一、朝早く起きて未だ衣をかえざるに、静坐し一炷香《しゅこう》せよ。
二、すでに衣帯をつけなば、必ず神仏を礼せよ。
三、眠りは時を違えざれ、食は飽くに至らざれ。

四、客に接するとき独り居るが如くせよ。独り居るとき客に接するが如くせよ。
五、尋常いやしくも言わざれ、言わば必ず行え。
六、機に臨みては譲るなかれ、事に当たっては再思せよ。
七、みだりに過去を思うなかれ、遠く将来を慮《おもんぱか》れ。
八、丈夫の気を負い、小児の心を抱け。
九、寝に就くとき棺を蓋うが如く、蓐《じょく》を離れるとき履《くつ》を脱するがごとくせよ。

ところで、この「座右の銘」ということについて一言すると、「座右の銘」には色々あります。我々が古人の伝記を繙いてみると、偉人といわれる人は、一面、必ずなにか家訓とか一身上の「座右の銘」とかいうものをもっている。そうして、それを、朝夕、我身我心からはなさずにいるように思われます。あるいは、単に、箇条書きになっているものがある。わたしは、今日まで、古人の「座右の銘」というものを、いろいろお話したけれども、むかしの人は、今日でもそうでしょうが、ふだん自己の心に細心の注意を傾けている。それだから、その「座右の銘」なるものも、実に徹底したものです。

そこへいくと、わたしの「座右の銘」などは、大方諸君の前に掲げ出されたものでない。

はなはだ恥じ入ったものです。もともと、これは、わたしがひそかに拵えたものであって、これを、実地、我身に行い行いして、まず、ざっと、九箇条ばかりのものになったのですが、大言壮語して、これを我身に行わないとあっては、実に心中に怖れを抱く。しかし、この「座右の銘」が、わたしのもとに来て道を学ぶ人たちに、それとはなしに話したのが、ついに、公になってしまい、若い学生たちに問われるままに、だんだんこれを明かすようになって、内緒で拵えたものを、人前に出て話すという具合に、だいぶ、大胆になってきた。はなはだ不遜のようではあるが、わたしの心ではいささかも不遜驕慢の意はないのです。

もし、わたしがこの「座右の銘」を見て、諸君の中に、一人でも二人でもいい、自分も行なってはいるが、なお一層、行なってみようという人ができたならば、わたしの大いにしあわせとして喜ぶところです。以下、わたしの精神の存するところだけを、この箇条について思い起こすにしたがって話してみましょう。

二、事業は出発点が大切

第一は、早起きです。お互いは、毎日、バタバタやって、忙しく暮らしているが、わたしは老境に入ったせいか、早起きということは、それほどまで辛くなくなった。若いときには、早起きはできないものだが、社会のために偉い仕事を成し遂げた人々の有様を考えてみると、早起きということは、確かにそれらの事業を成し遂げた一つの要素です。いまでは、何事も、心ない人は、善悪を選ばず外国の風を輸入し、これを模倣するという有様で、ついには、朝寝というはなはだ厭うべき陋風《ろうふう》までの真似する傾きがあって、書生の間にまでも、そういうことを、ことさらに見習う輩が、以前は、ずいぶんあったように思われます。早朝起きるということは、いわば、一日のこれが始めなんです。古語に、

「一年の計は一月にあり、一月の計は一日にあり」

とありますが、煎じつめれば、一日の計は、必ず、一朝にあります。もう一つその奥もあるが、それはいわないほうがよいでしょう。一年の間に、ある仕事を、立派に仕上げると仕上げないでは、じつに最初の出発点をどうするかにあるのです。それはちょっとの機会からであって、その機会を捉えるのも逃がすのも、またちょっとの違いからです。千里の道を行くにも、かならず、一歩から始まる。物のできるできないは、ホンのわずかの違いなんです。滴水も集まり集まって、やがて河となり、湖となり、大海となり、漲天《ちょうてん》の勢い

をなすという有様。こんなことはわかりきったことでありますが、大いに味わう必要があろうと思われます。

人間の一生は、一日一日を、だんだんと継続してゆくものでありますから、去年あり、今年あり、明年あり、昨日あり、今日あり、明日ありという次第でありますが、よく考えてみると、昨日も今日、明日も今日、あさっても今日、去年も今日、今年も今日、また、その来る年も今日です。一日は、必ずしも、二十四時間という時間にかぎられたものではない。ずっと、今日今日を積み重ねてゆくのが人の一生。そこで、古人のいわゆる、「死して後、已む」というところに到着するわけです。

そこになると、筆を持つ人ならば、筆を持ったままで瞑目して、それで沢山です。ところが、せめて、死ぬときばかりは、坐禅でも組んだまま、しっかり口も噤んで、立派な死にざまをしてみたいというように考えている人もあります。まんざら悪い考えではないが、はなはだ迂闊な考えといわなければなりません。

しょせん、人間というものは、己が職分と共に倒れたら、それで立派なものです。今の若い身空をもって、死ぬときを考えているような遑《いとま》は持たないはずです。朝から晩まで孜《し》々忽々《しこつこつ》として、奮闘し、努力し、向上してやまない精神を有しているならば、便所で力んでおりながら、そのまま息を引きとっても遺憾なしです。あるいは、また、一種の病気にとりつかれ、七転八倒、逆立ちになって死んだとしても、これも別に遺憾なしです。一向の信念というのは、そこにあります。

とにかく、五十年でも、百年でも、幾千万年でも、考えてみれば、一日です。昨日だの、昨年だのと、いろいろ過去があるようだが、みな、今日であって、無始無終です。我が宗教の立場からいうと、もともと、生だの死だのということはないので、死と生とは、夜と昼です。死と生とは、過去に遡って考えても、また、未来に向かって考えてみても、いわゆる、生死一如です。少し理屈めいてきたようですが、あえて理屈をいう必要もない。生すなわち死、死すなわち死、です。こう論じると、生死論に及ばなければなりませんが、それはしばらく置くとします。

さて、どこで何をしながらどんな有様で死のうが、自己の職分に終始し得たものならば、己にあってはさして遺憾ない次第であって、世人がこのような心掛けを有そうとするには、どうしても朝早く起きて、十分にこれをこれを考慮する必要があると思われる。

ところが、朝起きは、なかなか難しいもので、ことに、寒いときには、目覚めても枕を蹴って起きるということは、ずいぶん、困難なものです。けれども、物事に成功しようとする人ならば、かならず、これを実行して渝《かわ》らないということが必要です。それについて、わたしは、今、通俗であって、そうして意味の深長である徳川家康公の言葉を思い出しました。

あるとき、家康公が、自分の居間に休息しておられると、近侍の者共が、四方八方《よもやま》の話をしながら、しきりと、「金のなる木」ということをいっている。

「昔から、金のなる木とよく世間でいうが、米のなる木は見たことがあるけれど、金のなる木はまだ見たことがない」

などと打ち興じているのを、家康公、ちらりと耳に挟まれ、

「者どもは面白い話をしておる。金のなる木を知らぬとあれば、わしが教えてつかわそう」

と、筆を取り寄せて、白紙の真ん中へ書かれたのが一本の棒。そうして、その左右に枝のようなものを一本ずつ書き足して、右のほうには「正直」、真ん中には「早起き」、左のほうには「働き」という字を現わされ、

「これが金のなる木じゃ、よく見届けておけよ」

と示された。まことに味わいがあり、実によく練れた言葉です。後に、これを刷り物にして臣下に与えられたということが、ある書物に見えていたが、もう一つ面白いのは、かの

天海僧正のやられたことです。

天海僧正は、

「なるほど、大御所はさすがに偉い。善いことをお示しになったが、わしも一つ教えてやろう」

と、今度は、「金の散る木」を示された。まことに、金の散る木は天下にドッサリある。金のなる木を知った上は、金の散る木も知っておかなければならない。そこで、天海僧正は、やっぱり、一本の棒を引いて、左右に二本の枝をつけ、真ん中に「嘘つき」、一方に「短気」、一方に「悋気《りんき》」と書かれました。

家康公のも、天海僧正のも、どちらも通俗だが、真理を道破した言葉です。嘘つきは一番悪い。嘘は、すべての悪い行ないの始めです。殺人だの、姦淫だの、強窃盗だの、その他、罪悪の源をただしてみれば、嘘をつくことが土台になっています。「嘘も方便」などという、まことに浅薄な考えから、一時逃れの間に合わせをいうのが、一番悪い。

また、たとえ罪人とまでならなくとも、政治家でも、その他すべての階級の人が、いわゆる権謀術数的に、一時をごまかそうという考えが動機となってやった仕事は、とうてい、駄目です。結局のところ、正直でないと、物事の終わりを全うすることは難しい。一国の外交の秘訣は、嘘をつくにあるのではなく、正直なところにあるべきはずです。

そこで、世間には、

「嘘から出た真、真から出た嘘」

という語がある。時には、誠心誠意から発したことが、他人には嘘のように思えることがあるが、それは、嘘にして、じつは嘘ではない。ところが、はじめから、何か心にたくらむ事があってやることは、表面は真のように見えても、けっして、長続きはしないのです。『仏典』には、二枚の舌を使ってはならないとやかましく戒めてあるが、かの蜀山人《しょくさんじん》などは、よほど、経文を見たものとみえて、難解な経文の言葉や意味を、ごく通俗な言葉として、「嘘から出た誠、誠から出た嘘……嘘と誠の仲の町……迷うも吉原、悟るも吉原……」などといって、だいぶ、洒落た言葉を使っているが……、いやこれは思わず横道へ入った。とにかく、一番最初が大事です。人間の活動の初めは朝であるから、できるだけ、早起きをする習慣をつけなければなりません。

わたしのところにおる小僧たちも、なかなか早起きをするのが苦しそうです。少しくらいは睡眠不足でも、思いきって早起きをしてみると、おいおい習慣になって、一向に辛くなくなってくる。命令を受けてやるのじゃない。

「吾が物と思えば軽し笠の雪」

で、外目には、さも重そうに見えても、吾が物と思えば、それほどまで重くはない笠の雪です。西洋人のやり方はどうか知らないが、我々東洋人、なかでも、日本人は、早起きというものを名物として、ぜひ、実行してみたいものです。

どうも遅く起きると、一日、仕事に追っかけられているような気がするが、二分でも三分でも、ちょっと、人より先に起きると、続々と湧いてくる仕事は、こちらから追っかけて、愉快に一日を送り得られます。だいぶ、趣きが違うのです。

初めの出発点が、一番、大事です。それだから、むかしの偉い人も、

「汝等諸人は、十二時（つまり一日ということ）に使われておるが、俺は十二時を使っておる」

と、その弟子に申されたということです。そうでなくてはならない。金を使って道楽する者は、それは金に使われているのです。死に金を使うのは実に愚の至りですが、他人のために、あるいは、社会のために金を使うのは、金を生かして使うのであって、同じ金でも持つ人の心によって大変な違いを生じてくるのです。

時もまた金です。むかしから、寸陰寸壁《すんいんすんへき》といって、時、すなわち、金という考えはあっ

たものですが、時に使われては駄目です。よろしく時を使わなければなりません。それには、まず第一に早起きをしなければなりません。

三、寧ろ動坐と称すべし

さて、人より先立って眼を覚ましたならば、蒲団の上で寝巻のまま静坐し、一炷香《しゅこう》する。一炷香というのは、ただ前後の文章から使っただけで、別に線香を焚かないでもいい。とにかく静坐をする。

ところが、この頃は、静坐にいろいろの形式ができて、世間では、だいぶ、流行し、多くの人が、大なり小なり静坐を行なっているが、けっこうなことです。しかし、この静坐というものを、単に、物質的な利益を得るために行なっている向きもあるように思われます。

あるいは、不老不死の元気を得て、人間のあらゆる快楽をほしいままにしようなどという了見で行なっておるものも、だいぶ、あるかも知れない。静坐する結果、自然に身体が壮健になるであろうが、そればかりが静坐の目的ではありません。

わたしは思うに、静坐ということがある以上は、その一面に動坐というものもあるべきはずであると。古い書物を見ても、どうも動坐ということは見当たらない。けれども、静坐がある以上は、動坐といってもあえて差し支えないと思われます。人を避けて静かに坐る。よいことに違いないが、半面において、動坐ということを忘れてはなりません。

古人も、「動中の工夫は、静中の工夫に優ること百千倍なり」と申しておられます。それであるから、今日は、静坐というよりは、むしろ、動坐と称したほうがよいかも知れません。山寺に隠れて静かに工夫に専念するよりも、この活社会の真ん中で工夫するほうが、効果がはるかに優れている。

が、誰に向かっても、これを求めるのは、あるいは、多少、無理かも知れんから、まず、最初は、静坐の工夫から、おいおいと動坐に到るのが順序でありましょう。しかし、さらに深いところに進むと、静坐でも動坐でもどちらでもよろしい。すなわち、「一切万境に対して心を動かさざる、之を坐という」で、四囲の境遇に我が心を動かされずに至って、坐るという目的が達せられたものです。不平、不満、煩悶、懊悩ある間は、坐るには坐っても真の坐ではない。

しばらく、じっと坐っていると、自己というものが現れてきて、何らかの響き、何らかの光が発してくる。ふだんは、この響きは耳に入らない。この光は眼に見えない。けれども、それが本来なんです。あたかも、太陽は常に赫々《かくかく》の光を放っているけれども、手をもって眼を覆えば、その光を見ることはできない。

梁塵もそのため飛ぶという音楽も、耳を覆えばその妙音を聞くことができない。ところが、静坐すると、今までの外界の影響を受けていたのから超越して、今度は、四囲の現象は、あたかも、我が心の影法師のように考えられてくる。我れだの、彼だのという差別がなくなり、さらに進んで宇宙と我れとは一緒になってしまう。神や仏と同じものが我が心に現れてくるから、名前は権兵衛でも八太郎でもかまわない。じつに、偉いものが我が胸裡に在るのです。

ここが、他の宗の説くところと、我が禅宗の説くところと違う点であるが、我が心の奥を見るには、あえて専門に公案などを考えるまでもなく、静かに坐するに従って今までは遠くにこれを求めていたものが、すぐに足許に在ったことに気づくでありましょう。そのときは、ちょうど、天地創造の時代のように、なにかしら、パッと明るくなった気がするであろうと思われます。そこで、わたしは、ふだん、

「朝早く起きて衣をかえる前に、静坐して一炷香せよ」

ということを、「座右の銘」にしているわけです。

四、敬虔熱烈な信仰心

次は、

「すでに衣帯をつけなば、必ず神仏を礼せよ」

わたしどもは、否でも応でもこれをやるのが習慣になっておりますが、諸君はどうでありましょう。衣服を着て仕事に手を下す先に、自分の顔に対して「おはよう」と挨拶するように、自分の祖先に向かい、さらに遡って神仏に対して感謝の念を捧げる人がどれくらいありましょう。

わたしは、日露戦争の当時、従軍して、あちこち、慰問して歩きましたが、兵士の中には、朝起きると、敬虔な態度で、太陽を拝んでいる人がおりました。けれども、若い将校などは、これを見て、「太陽も地球も同じものである。何だって太陽などを拝むか」というような態度でありましたが、そういう浅薄な眼をもって見てはいけません。もとより、我々日本人には、このような感情が存しているのです。

この美しい感情があるから、太陽を拝むばかりでなく、あるいは山にも己の心を捧げる。これを一知半解《いっちはんかい》の相対的知識で冷笑し去るというのはいけません。これほどの、敬虔熱烈な信仰があるかこそ、死んだ山をも活かさないではおかないのです。この精神の力を看過してはなりません。

わたしがアメリカへ渡る船中で、嬉しいと思ったことは、向こうに行く日本の労働者が、毎日、起きると太陽を拝む。わたしはこれを見て、大変、嬉しく思いました。少し学問でもある日本人は、それを見て、「莫迦な真似をしている。恥ずかしいじゃないか」などといいますが、笑う者には勝手に笑わせておくがいい。外形の問題ではない、精神の問題なのです。精神の置きどころは、此処になくてはなりません。中途半端にちょっと理屈を覚え、徹底してない何かにかぶれた、芋か大根を天麩羅にでもしたような、妙な理屈をこねるのは間違っています。家庭教育や、学校教育には、ことに注意を要する点で、形や言葉の末に拘泥《こうでい》してはいけません。よろしく身をもって人に示さなければならないと思うのです。一家の長である主人にこの心掛けがあったならば、別にやかましく理屈をいわないでもいい。子弟は自然に神仏を拝するようになるのです。「祖先教などは、野蛮時代の遺風であって、今日の開けた世の中にそんなことをいうのは愚鈍だ」と貶す人もあるかは知りませんが、それは大変間違っています。親を大事にする心がある人なら、期するところがなく祖先を大事にする。この心は、すなわち、親を敬い、祖先を重んずる精神のない者、「祖先を拝むなどは、じっに開けないことだ」と笑うようなことは、じっに憐れむべき浅見です。

あるいは、また、「木像や何かを拝むのは、愚の至りだ」と冷笑するかも知れませんが、木を拝むのではない。金をも木をも土をも、あるいは糞土をも、光明赫々たるものに純化し霊化するのです。これ、すなわち、精神の力、いいかえれば、信仰の力です。単に木を木と見、土を土と観、金を金と看、水を水と視るのは、いわゆる物質的学者の見解です。木をも、土をも、金をも、水をも、神化し仏化し霊化するのは、信仰心です。ここを見なければなりません。たんに、物を物と見るだけで、それ以上、なんの感覚もないのは、真の信仰に至った人ではないと思います。

我々が、今日、このように、世の中に立って行けるのは、親のお陰、また祖先の賜《たまもの》で、社会的に考えると、ひとえに先人努力の賜にほかなりません。我々はこの賜を最善の力をつくして、より善いものとして、子孫に伝えるのが、すなわち、祖先の恩に報いるゆえんであろうと思います。祖先を尊敬するのは、もともと、人間の至情です。

かの西行法師が、伊勢の大廟に詣でて、

「何事の在《おは》しますかは知らねども　かたじけなさに涙こぼるる」

と、その感情を詠ったのは、しごく、もっともなことといわねばなりません。

五、我れは社会の一分子

次は、

「眠りは時を違えざれ、食は飽くに至らざれ」

わたしは雲の食客になったり水の食客になったりする人間であって、常に他人の世話にばかりなっている。これは、思う通りにできないこともあるが、その心の形は失わないようにしたいと思っているのです。

およそ、衛生を重んじる人ならば、必ず、大なり小なりこのことを守っているに違いない。我々の身体は我々のものであるけれど、一面からいうと、我々のものであって我々のものでない。すなわち、我々というものは社会の一員です。つまり我々の身体は我々の私有物ですが、これを社会的にいえば共有物です。

それであるから、我々の身体というものの関係は独り我々一個にとどまらない。近い話が何か流行病に罹ったときです。その病毒が一村一市街どころでなく、遠い外国にまで及ぶことがあります。こう考えてみると、我が身体は、我がものであって、けっして、我がものではないのです。

一面は私有物に見えるが、国民の一人、社会の一分子として見るときは共有物ですから、我が身体はどうしても大切にしなければなりません。こういうことは、この頃世間で、やや徹底的に考えられてきた傾向がある。わたしはけっこうだと思います。

衛生思想の進んだ人ならば、道徳上においても、また、不道徳なことはしない人でありましょう。けれども、また衛生を重んじ、道徳を考える人に無宗教な人はいない。道徳と宗教とは隣り合っているものです。道徳はやらないが宗教は信じるということはないはずです。倫理道徳を欠いた信仰心はややもすれば迷信に陥る。迷信は排除しなければなりません。

一夜のうちに金持ちになりたいと一心に祈るなどは非倫理的であって、似非《えせ》信仰です。衛生を重んじ、道徳を守って活動を続けていったならば、自然に金持ちになり得るのです。そうして、これが順当な金持ちになる手段です。

六、千万人といえども恐れず

「客に接するとき独り居るが如くせよ。独り居るとき客に接するが如くせよ」

これも、なかなか、実行は難しい。ややもすると、これが二つに分かれたがって困る。わたしども、書生時代、雲水時代には思っていることも、人前に出ては十分いえなかったりしたものだが、それは飾る心があるからで、うまくいいたいのなんのと心に飾るところがあると、思う通りにゆかないものです。

あるいは、また、自分より地位の高い人の前に出ると、なんだか恥ずかしいような、恐ろしいような気がして萎縮してしまうところがあります。畏れ慎むということは必要ではあるが、いたずらに気後れを取るようではいけない。どうもこれは知識ばかりでは駄目らしい。

あるいは、また、化物だの幽霊だのということは、愚夫愚婦のいうことだと知っておりながら、あそこの山里に昨日死んだ者の遺骸を埋めてあるから、あそこまで行って、何かその証拠に石でも拾ってこいとか、供えてある花を一つ持ってこいとかいわれると、幽霊などという莫迦げたもののないことは百も承知しているけれども、じっさいの場合に当たると変な気が起こって、なんだか有りそうにも思われる。

ことに、それが、親族とか故旧とか親子とか夫婦とかいうものになると、いっそう、変な気がする。偕老同穴《かいろうどうけつ》を契った夫婦でありながら、死別すると夜も寝つかれない人もある。恐ろしい恐ろしいと思っていると、疑心暗鬼《ぎしんあんき》を生じて、いろいろな妄想が湧いてくる。

いや、またまた、話がそれて、だいぶ、余計なことをいいました。とにかく、千万人といえども我れゆかんという勇気が必要であって、独りでいるときも客に接しているときのように、客に接しているときも独りでいるときのように、常に心を取り乱さないように心掛けていなければなりません。

七、尋常いやしくも言わざれ

「尋常いやしくも言わざれ、言わば必ず行え」

わたしどもは幸か不幸か、多くの人のおいでになる前に出て話をする機会が多いが、この頃、切に感じてきたのは、人前に出ていうのはいいが、果たして己自身がそれを行なっているか否かと顧みると、責任を感じて滅多なことはいえない。たとえ、いったことがみな行なえなくても、半分でも四半分でも、ぜひ、実行しなければならないという気がします。

大聖孔夫子は、

「五十にして天命を知り、六十にして耳順《したが》い、七十にして心の欲するところに従って矩《のり》を超えず」

と申されたが、修養の極致は、ここに到らなければならないと思うのです。

八、機に臨みて譲るなかれ

「機に臨みては譲るなかれ、事に当たっては再思せよ」

機とは、心の働きをいうのです。心機一発するとか、一転するとかいうことは、あらかじめ、待ち設けられない。そこで、機に臨んでは……すなわち天より与えられた機会が到来したならば、一歩も容赦はしない。あたかも、龍の風雲に乗ずるように、疾風迅雷《しっぷうじんらい》でやらなければなりません。ぐずぐずしていると、一生涯機会を逃してしまうことになります。

しかし、これは投機的の心とは違っている。千思万考《せんしばんこう》、ひとたび機会が到来したならば、その「疾《はや》きこと風の如く」にその機会を捉える。ここは以心伝心《いしんでんしん》であって、説明のできないところですが、あるいは、諸君は常によくこれを実行しておいでになるかも知れません。

事に当たっては再思せよ、小事はゆるがせにしてしまいがちですが、何事もよく考えることが必要であろうと思われます。

曽子も、

「われ日に我身を三省す」

と申されたが、進んで何事かを実行するのにも、また退いて守るのにも、よく物事を熟慮するということが大切です。軽々に事をなせば、失策を招き、「後悔先に立たず」ということになるのです。

九、精神的生存を続けよ

「みだりに過去を思うなかれ、遠く将来を慮《おもんぱか》れ」

どうも、人間というものは、過ぎ来し方をとやかくと思い悩む。そうして、その間に、いろいろな妄想が湧いてきて、役にも立たないことに時間をつぶすということがありがちです。妄想という奴は、はなはだいけない奴です。

かの頼山陽に、

「相模太郎胆甕《たんおう》の如し」

と謳わせた、日本史上の偉人、北条時宗も、生まれつき、とても弱い人でした。ことに、雷鳴にはひとたまりもなく、辟易《へきえき》するというういう人でした。そこで、時宗が精神上の師と仰いだのが、我が円覚寺の開山仏光国師でした。国師から、「莫煩悩」または、「莫妄想」ともしてあるが、この垂誡《すいかい》によって、修養に修養を積み、ついに、あのような偉い人物になったのです。妄想があると勇気が消えてしまう。そこで、みだりに過去を思わず、遠く将来を慮るとみだりに過去を思わなくなります。

いったい、我々人間は、どれほど物質的に豊富な生活を送るといえども、その死するやいっさいが水の泡のように消え去って、なんにもこの世に残らないようでは、まことに生き甲斐のない生涯といわなければなりません。たとえ、この世に物質的に存在しなくても、精神的に生存を続けてゆくように心掛けるべきです。

歴史上に残っている人物は、社会的に生きているのです。釈迦でも、孔子でも、イエスでも、肉体的には死んでしまったけれども、精神的には未だ生き生きしてこの世に赫々たる光明を放っているのです。

十、丈夫の気と小児の心

「丈夫の気を負い、小児の心を抱け」

まず丈夫の気をもたなくてはならない。山岡鉄舟居士には、私が雲水時代や書生時代にいろいろお世話になったが、維新当時、排仏毀釈《はいぶつきしゃく》の声がやかましかった際に、鉄舟居士は何と言われたか。

「天下万人ことごとく排仏に傾くも仏法は吾一人でこれをやる」

と叫んだ。これ丈夫の心です。あたかも、戦場に出て敵に対するような趣き、これすなわち丈夫の気を負うものです。他人のいやがることは、自分が進んで引き受けてやる義烈心、この義侠心が、すなわち、これが丈夫の心なのです。

しかしながら、そればかりでもいけない。それに加えて、小児の心をもってする。赤ん坊の心というものは、じつに麗しいもので、なんともいいようがない。母の懐に抱かれながら、小さな木の葉みたいな手を出して、ニコニコ笑むさまは、神か仏の現れです。小児はか弱いものですが、一面非常な力をもっている。どんな凶器を携えた強盗でも、これを殺す気にはなれないでしょう。どんな学者でもこれに理屈を説きはしない。ここに一種玄微のところがあります。いくら年取ってもこの天真爛漫たる心を失いたくない。南洲翁は、「人を相手とせず、天を相手とせよ」と申されたが、至言也と思う。天は怒らない。拳を固めてみせても天はけっしていやな顔をしない。人間もどうかして、そういう大きな麗しい心をもちたいものです。

十一、何事も思い煩うなかれ

「寝に就くとき棺を蓋うが如く、蓐《じょく》を離れるとき履《くつ》を脱するが如くせよ」

寝についたならば、何事も思い煩うことなく眠りに落ちる。寝についていろいろな妄想を描いて心を掻き乱しては、たちまち眠りが妨げられ、ついには神経衰弱になる。サァ眠られんとなって気を病むと、それが自己暗示みたいな具合になり、神経はますますとがって、眼が冴え、ちょっとした音にもビックリしたりして、なかなか眠られない。私のところには、「学校の試験に余り勉強を過ごして神経衰弱になったから参禅でもしてみたい」と書生がよくやってくるが、「眠られんなら眠らぬとしたらどうだ。人間は一週間くらい寝ないでも死にはしない。なんなら死んでもよいが……自分は眠ってやるまいとしたらどうだ。眠りたい眠りたいと焦るから、かえって駄目だ。一つ心機を一転して、自分は眠るまいぞ」、これで睡魔を追いやったらよかろう。極端なことをいうようだが、人によっては、わたしはそんなこともいうんです。

蓐を離れるとき履を脱するが如くせよ。これはいうまでもなく判りきったことで、蓐の中でぐずぐずやってちゃいけない。思いきって跳ね起きる。辛かろうがそれは瞬間です。まず、わたしがふだん「座右の銘」として、実行に心掛けている九箇条ばかりの事項について、ざっとお話をしました。だらだら長くなって、あるいは砂を噛むようであったかも知れないが、およそ寸金を得ようと欲すれば、砂や砂利といえども捨て難い。諸君がこの砂や砂利の中から、寸金を得てくだされたならば、まことにわたしは喜ぶところです。

【貧富に動ずるな】

一、人生における富の力

古人が、

「富貴は人の欲するところ、貧賎は人の欲せざるところ」

といっている通り、人生における富の力というものは、じつに大したものです。富あるがために、あらゆる事物が発達してゆく。一口にいうと、人生いっさいの栄華は、富の力から産み出すといっても過当でない。

しかし、これは形而下の話です。もし、道義的眼光をもって看破したなら、世人が最も大切と思惟している。この富も、孔子のいわゆる、

「不義にして富み、かつ、貴きは、我れにおいて浮かべる雲の如し」で、一段高く飛び抜いてみると、これくらい無趣味なものはないといってもよいのです。今日、世間の有様を見ると、人は、ことごとく、富のためにのみ動いているかのような観があります。終日、営々として努めているところのものは、ことごとく富というものを願っています。

見よ、到るところの大空が、一種の蒸発気のために賑わっていることを。これはなんの蒸発気であるかというと、富の蒸発気が浮き上がっているのです。この蒸発気が盛んに浮いている国ほど、大きくもあり、強くもあり、開けてもいるというのです。

このように、富の必要を大いに感じる結果は、むかしも、今も、富というもののために眼が眩んでいる。堂々たる君子人ですら、富のためには道義を顧みない。したがって、富を作るためには、どんな手段も選ばないといった訳で、自らを欺き、他を陥れ、権謀術数の限りをつくしている。そうしてそれがために、また、心中、大いに煩悶するといった有様です。

じつに、快楽を得るべき富のために、かえって、苦難を得て煩悶するとは、愚の骨頂ではありませんか。

二、富はあたかも利刀の如し

わたしは思うに、富というものは、ちょうど、利刀（鋭利な刀）のようなものです。使用者が良ければ、その富の利刀はいよいよ利に用いられ、鋭いほどますます社会を利益に導くのであるが、使用者が悪かったならば、自分を傷つけ、他を傷つけ、道義を破り、人道を破って大変な害毒を世の中に流すことになります。

富のために、ややもすると、堂々たる学者、政治家が、金力に支配されて、それに使役されるという弊害があります。豪傑の士ででもなければ、富のためにコキ使われないということは難しい。

富が重んじられる結果は、ともすると、大不祥事を起こすようになるのです。

が、不正不義の徒をこらしめるような、また、物品買占省令のようなのは、じつに痛快なやり方です。いや、そうあらなければならないことです。富豪だけにどんな大きな事でもできるから、米の一万石、二万石くらいは、全財産の小部分でも買い占めはできるだろう。したがって、巨万の利を貪ることもできようが、これをもって貧窮に泣く細民を苦しめるということは、大罪許しがたきことです。

利を得るにも道を踏みはずれてはなりません。どれだけ巨万の富があっても、道義心に欠けているならば、精神的の貧者として、じつに憐れむべき人です。己が進んで欲求した富に縛られたり、やがては縛られるはずの富を得るために、人道を無視し道義を顧みないというに至っては、富の害、実にはなはだしいといわなければなりません。ゆえに、「物質的に貧なるも精神的に富め」ということは、ただ道者の常套語として軽々に看過すべきものではないのです。

三、貴ぶべきかな貧道

貧ということを、形而上から眺めて見ると、これにも種々の意味がある。貧というのは大変誤解しやすい。「貧乏、これも天命だ、因縁だ」といって、朝から晩まで寝転んでいて、貧に安んじているというのは論外で、けっしてそういう意味ではない。為すこと無くして貧に安んじているというのは、それは賎しむべき貧です。富に濁富があると同時に、貧にも濁貧があると思います。

この貧ということを、形而上から眺めて見ると、無量の味わいがあるのです。それゆえに、我が宗旨では、「道は貧道より貴きはなし」というのです。要するに、貧ということは、あらゆる罪悪、妄想、我意、我慢、我執で、すなわち、利己主義というものから起こるものは、みなそれです。これらがみんななくなって貧になってしまう、すなわち、我が胸中がスッキリ貧乏になってしまうのです。

例えば、一つの学問とか見識とか、もしくは、一種の悟りとか、それが迷いよりも勝れているにしても、それらのものが胸中にわだかまっていて、そのために、自己の自由を縛られている。その繫縛《けばく》するものをスッカリ捨ててしまって、貧乏になってしまう。そういうところに貧の味わいがあるのです。

しかし、これは、形而上ばかりの話ではない。世間でも道義に重きをおいている人は、ちゃんと「貧道より貴きは無い」ということを行なっています。

例えば、孔子が賞美して、

「賢なるかな回や、一単の食、一瓢の飲、人は陋巷《ろうこう》に在りてその憂いに堪えず。回や、その楽しみを改めず、賢なるかな回や」

といわれた顔回《がんかい》こそ、その人です。もし、これが、濁貧に安んじてきた乞食根性の者ならば、びた銭三文の価値もないのです。

貧は、空しい義で、虚心平気とか、洒々落々とか、光風霽月《こうふうせいげつ》とか、形容詞は沢山あるが、諸君は、日々、活動していられるその中に胸中閑日月《かんじつげつ》ありで、それがあるために、よく活動していることができるのです。胸中閑日月のない人は、何事をするにも、ビクビクしているが、それを有している人は大活動をしているのです。

四、大いに働き大いに休め

むかしから、

「大いに働くものは大いに休む」

という語がある。そのとおり、大いに働く人は、大いに休息をする。しかし、休息といっても、大酒を飲んだり、花柳の巷に入り浸ったりして、不道徳の休息をするのではない。世間には、往々にして、このような醜い休息をもって、労を慰するものと考えている者があるようであるが、この輩は、真の休息を知らない者です。いわゆる閑日月の境地に自分を置かなければならない。天空海濶的な気分を養い、常に平和を自己方寸の中に貯えるようにしなければならない。どれほど巨万の富があっても、その心がなければ常に飢えているものといわねばならない。

古人が、

「昨年の貧は錐《すい》あって地なく、今年の貧は錐もなく地もなし」

といっているが、そこまでゆくのです。真の赤裸々は、ここに到って現れてくる。聖書には、「貧しきものは幸いなり」とありますが、こういう意味の貧道を辿らなければならない。こうして、我々は、家に米一俵の貯えなく、懐中を求めて一銭すら得ないときにおいても、なお光風霽月に楽しんで、人生無限の永福を得ることができるのです。

しかし、容易《たやす》く聞いてはならない。その永福を摑み出す自己をどうやって修めるべきか、我が無限の永福を蔵する宝庫はどういう鍵によって開くべきか、これが問題です。諸君は、これを解決すべく、どうやって工夫すべきでありましょうか。

【死生の境を飛び越せ】

一、生存競争の社会

社会は生存競争であって、この活動世界は、生きとし生けるもの、どんな小さなものでも、すべて、戦いの生活をなしている。

それは、たんに、動物ばかりでなく、植物でも同様です。ここに、艶麗な花卉《かき》があれば、たちまちに、これを妨げる雑草が生じてくるし、なお、害虫が、その美しい花や葉を喰うのであるから、相当の保護をしてやらなければ、花卉は雑草と害虫とに圧倒されて、見る影もなくなってしまうのです。

また、動物のほうはどうかというと、しごく微細なものでも、みな、それぞれに戦争をなしている。蛇の蛙における、蛙が小虫における、みな、そうでないものはないのです。ゆえに、蟻や蛾のようなものまで、それ相当に外敵を防ぐ武器が天然自然に備わり、よって強きは弱きを制している。

一羽の鳩が、何か啄《ついば》んでいると、その後ろの松の樹に、猛禽である鷲がとまって鳩を狙っている。すると、何ということか、鷲の後方から、一人の猟夫が銃を定めて、鷲を狙って、今にも火ぶたを切ろうとしている。鳥獣社会もまたこのような有様です。してみれば、今日の世界は、まるで戦いの生活で、あえて大戦乱ばかりではない。

東洋の哲学者の開祖ともいうべき荘漆園《そうしつえん》が、あるとき、一羽の鷺が渚に佇《たたず》んでいるのを捕らえようとしたところが、その鷺は知らん顔してさらに驚かない。荘子は、歩一歩、進んでみると、その鷺は、一匹の蛙を睨んでいた。ところが、その蛙は、また、前の小さな虫を睨んでいたということです。

荘子は大いに感じたのです。鷺を捕えようとする自分の背後には、あるいは、鉄棒でも振りかざして、自分を狙っている者があるのではなかろうかと。彼はただちに逃げ帰ったということがあります。総じて、老荘の悟りはこんなものです。

二、真正なる命令

むかしは、人間も動物と競争し、毒蛇猛獣より制せられつつあったが、人間には天賦の才智があって、いろいろの武器を製作し、または、団体を作って協力し、かの毒蛇猛獣を駆除すると、その余響は、人間同志の競争が起こり、つまり、強者は弱者を征服して、今日のように進歩してきたのです。

こういう状態からして、先の欧州戦争（第一次世界大戦）も起こったのです。戦場の屍山《しざん》血河《けっか》苦楚《くそ》惨澹たる有様を見ては、実に悲しむべきことであります。しかし、その中にも喜ぶべきことがあります。暴戻《ぼうれい》（道理にそむいてふるまうこと）の敵は、仁義の師に敵することができない実例を示すゆえです。伏屍累々、負傷呻吟、阿鼻《あび》叫喚《きょうかん》の巷においても、かの赤十字社などの救護班があって、その間を馳駆《ちく》し、慈悲博愛の旗章を翻し、負傷者は敵味方の区別なく、これを救護し、療養し、あたかも、地獄と極楽とを一緒に混ぜ合わせたごときで、これが人智の発達した文明社会の有様です。

人間には、悼み悲しむという一種特別の感情があるからして、これを救護し愛憐しなくてはならないのが社会の状態です。

それは、どこから来たかというと、我々の理想から来ているのです。すなわち、我々は道徳の作用、宗教上より涵養せられて、ここに及んだのです。

我々は、この社会に棲息して、朝から晩まで戦争しつつありますが、その心の中に正気を顕わした人を、仏ともいい、聖人とも、完全の人ともいう。

つまり、我々は、かく戦争状態の中にいるが、その目途とするところは、自己すなわち我が心を擒《とら》えて、真正なる命令に服従させようと欲するにほかならない。

その韜略《とうりゃく》はどんなものであるか、それは、無我、すなわち、大我でなくては叶わないのです。

三、動機論と結果論

そうじて、社会は、動機論と結果論とが、互いに競争しつつあります。

人間の道徳心、すなわち、仏の教えは、無我です。無我といえば、寂然として活気のないように捉えるものもないではないが、それらは誤解のはなはだしいもので、我々がいわゆる無我とは、そんなものでなくして、大なる活溌溌地《かっぱつはっち》のものです。

仏の教えは、実相の我を擒《いけど》って、仮想の我を忘れさせるものです。我々人間は、手足身体を取り放したときに、我れと名づけ得るものは、ひとつも見当らないではありませんか。まったくこの五尺の軀は、「地・水・風・火」の四大元素の化和合物《けわごうぶつ》であって、じつは、一つの影さえもなくて、「喜・怒・哀・楽・愛・苦・欲」の七情は、その仮想の感情にすぎません。

それが朝から晩までつきまとい、千変万化して、種々の幻想を現出させるのです。こんな小さな我れ、すなわち、利己心というものがあっては、つまり万物の霊長たる公明心を発揮することはできません。

【人と国民性】

一、「体・相・用」の三大

我が仏教の教理、なかんずく、禅宗の立場からいうと、およそ物には体というものがあり、同時に用というものがあります。くわしくいえば起信論などで、体相用の三大という言葉があります。いま、体相用の三大のことをいっている暇はないが、約《つづ》めていえば、体と用で、これは大は天地より小は一微塵に至るまで、何ものを捕えてみても、みな体と用と相備わないところのものは一つもない。

この「体」と「用」とのことを一言すると、いつも変わらぬところのものが体であろうと思います。同時に用という働きになると、いつも変わる、その変化の迅速なのはあたかも稲妻の光るがように、風の走るがように、火の燃えるがように、時々刻々に始終動きつつある、変わりつつあります。

ところで、その変わらぬ物と変わる物とその形から眺めると、まことに極端なようですけれども、その常に変わらぬところのものをたしかに認めているところの人であったならば、常に移り変わる世の中に立って縦横自在に働き、いわゆる聖人は物に凝滞することなく、よく世に推移するということになるであろうと思う。

この趣きは古人の詩に、

青山元不動（青山もと動ぜず）

浮雲任去來（浮雲の去来するに任す）

大人物というものはどんな状況にあっても動ずることはない。

逆境や困難にあってもかえってそれをよしとするものだ。

という句があります。これは文字を読んでその通りです。たとえば富士でもよろしいでしょう。富士の山はちょっとも動かないが、白雲は常に自ら去り自ら来る。漢詩の言葉でいえばそういう有様です。

日本の言葉では、山岡鉄舟居士の歌と思いますが、

「晴れて善し曇りても善し富士の山　元の姿は変らざりけり」

これも道歌じみた歌でありますけれども、趣意においてはみな同じことです。我が仏教の教理の帰するところも、禅の禅たる本領も、みなそこにあります。第一に相変わらぬものを一つ得ようというのが、これが我が宗旨の着眼点です。変わらないところのものを親しく手に入れた以上は、事物に凝滞することなく、変わるものと同化して行くことができます。

要するに禅門において公案を与えて工夫させようとか、静坐の方法をもって修行させようというのも、その実は、体という変わらぬところのものを第一に得させよう、むかしむかしの大昔から末の末まで一もって貫いて変わらぬところのものに徹底させようというのでありますが、さてそれはどういうものでありましょうか。それ以上はお互いに実地の工夫修行を要するのです。

二、禅の名物とは

孫子の言葉に、

「その疾《はや》きことは風の如く、その徐《しず》かなることは林の如く、侵掠することは火の如く、動かざることは山の如し」

というものがあります。これは孫子でありますから、兵法についていったことかも知れないけれども、我々がとってもって用いるならば、あえて兵法としないでも日常行事の上においてこの言葉を応用することができると思います。

いまいう、

「徐かなることは林の如く」

といい、それから終わりの言葉に、

「動かざることは山の如し」

という、これがいわゆる物の「体」を得たところであろうと思う。その体を親しく得てみれば、自ずから働きはそれから現れてくる。かくのようにしようと予め待ち設けないまで

も、その、

「疾きことは風の如く」

「侵掠することは火の如く」

という、こういう働きは自ずからできてくるのであろうと思います。

たとえば、平時と非常時です。平時において非常時を忘れず、非常時において平時を忘れず、事なきときにおいて、事あるときの準備をし、事あるときに泰然自若《たいぜんじじゃく》たるところのその態度がなくてはならないと思うのです。

これはむかしからいう通り、

「治に居て乱を忘れず」

とかまた、

「文事ある者は必ず武備あり」

というように、不断の準備ということを忘れてはいけない。

つまるところ、「体」を得て自ずから「用」に現れてくるので、その「用」というものはまた「体」より現れ出てくるのです。「体」と「用」とほとんど形と影のように常に相放れることはできないと思います。

してみると、いろいろ雑駁《ざっぱく》なことになりますが、それから考え及ぼしてみると、人においてもかならず人の体なる特色というものがあります。

何物にも名物というようなものが必ず一つずつあるに違いない。また仏教各宗がかくのように開けているが、その開けた中について禅というものの名物は何であろうかというように、世間に渉り出世間に及ぼして考えてみると、これはよほど考えるべきところの余地があろうと思います。今日こういうことをいうのは、あなた方のほうがむしろくわしくて、わたしはこの点においては、門外漢かも知れませんが、近ごろいろいろの書物を読んでみると、こういうことが外国に行なわれている。ことにアメリカの流行語になっているということです。

「セーフティポリシー」それと同時に「プリペアドネス」というのです。セーフティポリシーというのは、訳して「安全政策」ということでありましょう。それと同時に、一面にはプリペアドネスすなわち「備え（心構え）」ということが必要です。

これはむかしからいったことでありますが、時局について一つの流行語のようになっているようです。しかしながら平和だといって、ただみだりに太平を謳歌しておると同時に、一面に準備ということを朝から晩まで怠らないということが必要です。

今日は、道徳といえば、教育家あるいは宗教家のつかさどるもののように思いなされてしまって、今日経済上に立ち、または政治上に立っている者は、何事をなしてもかまわないように思っている。それがいろいろの方面の事実に現れていると思う。これをいろいろの方面から研究し、いろいろの方面からこれをたしなめてゆかなければならないと思いますが、わたしの立場から見れば、真面目な宗教的信仰が国民一般の精神に流れていない。それが原因の大なるものと思う。

「人は見ていなくても」という考えが起こらないことには、これは単なる道徳、単なる約束ではできない。道徳、約束それだけでは「必要」が起こると、その道徳約束を破ってしまうことになりやすい。もう一つ上の段階、宗教的に、神に、仏に対して「自ずから欺かぬ」という精神がなければならない。ところが、往々にして、「我々は学校の教師でないから」、迂闊なる道徳というようなことは知らない、「宗教家でないから」、信仰など何の役にも立たないから要らないなどと、公然といってはばからぬ者が少なくない。

宗教の世界でも名物があります。たとえば、天台宗には、

「一心三観《いっしんさんがん》」*

という名物があります。

真言宗には、

「阿字本不生《あじほんぷしょう》」**

という名物があります。

日蓮宗ならば、

「皆帰妙法《かいきみょうほう》」***

浄土宗ならびに浄土真宗には、

「摂取不捨《せっしゅふしゃ》」****

という名物があります。果たしてそれなら禅の名物は何であるか。

わたしがこういうものだということをいうよりは、それは諸君が鍛練工夫しておられる通り、自身に向かってお考えになった方が明らかです。わたしは今ここでこれだということは、いわずに残しておきます。いいたいけれども残しておく。禅は何であるかというならば、まず我れは何であるかと自問自答的に追究してゆくのがよいでしょう。

＊一心三観（いっしんさんがん）

天台宗の瞑想法。一切の事象が相対を超えた絶対的真理にかなっていることを体得すること。一切の存在には実体がないと観想する空観。一切の存在は仮の現象であると観想する仮観、空観も仮観も一つであると観想する中観を同時に体得すること。

＊＊阿字本不生（あじほんぷしょう）

密教の根本思想の一つ。一切諸法の本源が不生不滅、即ち空であることが、「阿」という字に含められるという考え。

＊＊＊皆帰妙法（かいきみょうほう）

あらゆるものが妙法蓮華経をとなえることによって救われるという考え。

＊＊＊＊摂取不捨（せっしゅふしゃ）

阿弥陀仏が念仏をとなえる衆生を一人も見捨てずに極楽浄土へ迎え入れること。

【男女の対立】

一、物騒なる世の中

昨今は、経済上、思想上、世の中が、だいぶ、物騒になってきました。これは政治上の問題でもあり、また道徳上の問題でもあります。女性のうちにも、きっと、この世間の大勢に動かされて、動揺されている人があることだろうと思います。

ことに、今、「新しい女性」と称されている人たちは、世界の大勢が自分に味方するように動いてきでもしたかのように考えているかも知れない。これはけっして政治家たり、教育家たり、宗教家たるものの、軽々に看過しさるべき状勢ではない。

儒教道徳は、もと「絶対服従」の道徳です。

「君君たらざるも臣臣たるべし、父父たらざるも子子たるべし、夫夫たらざるも妻妻たるべし、男男たらざるも女女たるべし」

というのが中国の儒教道徳で、頼らしむべし知らしむべからずなぞと、儒教は教えているのですが、しかし、昨今のように、世界の大勢が個人の個性を重んじるようになってきては、父父たらずして子子たるれよと強い、夫夫たらずして妻妻たれよと強《し》い、男男たらずして女女たれよと強い、どんなに絶対服従を力説してみたからといって、とうてい行なわれるべきものでない。現に、絶対服従教の本家本元たる中国においてすら、それが行なわれないようになっているのではないか。

二、推移と破壊の別

「君子は物に凝滞せずして世と共に推移す」

とは、古くからいわれている言葉ですが、世の中もまた、時間と共に推移するものです。推移には決して急激なる変動とか、革命とかいう危険を伴うものではない。あたかも、太陽スペクトル色彩が、赤からいつのまにか橙色に移り、橙色から黄に、黄から緑とだんだん移り変わって紫になるのと同じように、世の中もなおかつ、いつとなく推移して行くのが自然の大勢です。

ここにおいてか、政治家たり、教育家たり、宗教家たるものは、常にこの推移の状勢より眼を離さず、常に一歩これにさきがけて、その推移の状勢を善導するように努めなければならないのです。革命とか壊乱とかいうものが起こって、人心これ危うく、道心これ微なるごとき社会状態を呈するに至るのは、人心の推移を無視し、いたずらにこれを抑圧せんとするのみ努め、これを善導するのを忘れてしまうところです。危険これよりはなはだしきはないのです。

【男女の対立】

女性も昨今のように、おいおいとその個性を自覚してくるようになった時代においては、いたずらに男性がこれに絶対服従を強い、個性思想の勃興を抑圧してしまおうとしても、それはとてもできるものではない。無理にもこれを決行しようとすれば、ここに男女の対立ともいうべきものを生じ、女性はますます男性に反抗して無法勝手に立ち振舞い、女性の道心をしていよいよ危険に瀕しせしめ、人心の動揺をきたすような場合をも生ずるに至るのです。そうじて対立は何事にもよらず、一方が無理ばかりを働いて、他方に絶対服従を強いることより起こるものです。

三、相互に義務あり

どれほど個性を尊重するからとて、自分さえ勝手気侭ができれば、それでよいというものではない。自分さえわがままができれば、他人がどんなに苦しんでもかまわないといったような調子では、たとえ女性だからとて、また十分にその個性を発揮し得られないものです。

ほんとうの個性発揮は、自分以外の人の個性をも尊重するところにある。歴史を無視し、民族精神を無視するような突飛《とっぴ》な挙動行為は、「放縦」とこれを称し得られこそすれ、これを「個性の発揮」とはいえないのです。今日の新しい女性たちの運動が、まだ社会を動かすほどの大勢力と成り得ないのは、ただ自分一人がわがままをするのに、邪魔となるものを取り除けようとばかりして、女性全体の個性を発揚せんがためには、自分一人の幸福なぞどうなってもかまわないと思うほどの、犠牲的精神に富んだ真に新しい女性が出ないからです。それでは女性もいくら新しがったからとて、天上天下唯我独尊の域に達し得るまでには、前途なお遠しです。

仏教道徳はあくまでも相互的です。

これは「六方礼経《ろっぽうらいきょう》」を一度読めばすぐ覚り得ることですが、これからの時勢は、とても儒教道徳のような絶対服従で押し通してゆけるものでない。「女を女たらしめんとせば、男は男たらざるべからず、妻を妻たらしめんとせば、夫はまた夫たらざるべからず」ということになる。今日こそ新しい女性の運動も実地に勢力はなけれど、小我を脱却して大我の発揮のみを念とし、天上天下唯我独尊の大見識をもって、世に臨む真に新しい女性の現れ出る時代ともなれば、新しい女性の運命も必ずや実地の大勢力となり、どれほど男性が強者の権利を主張して女性に絶対服従を強いても、ついにこれを強い得られなくなるのは必定です。このときに当たってもなお男性が、絶対服従を無理に強いようとすれば、ここに男女の対立が生じ、その結果社会制度の破壊となり風俗の撹乱となるのです。

四、三十一文字《みそひともじ》の喧嘩

これはもののたとえですが、むかし、ある国に仲の悪い夫婦があって、朝夕喧嘩の絶え間がない。その隣家に諫度言《いさみたくげん》という歌人があって、これをはなはだ気の毒なことと思い、何とかして仲よくさせてやりたいものと、ある日のこと夫婦を招き、十二分にご馳走した上で両人に向かい、明日より争いたいことがあれば、これを三十一文字にしていい交わすのが風雅でよかろうと申し勧めた。夫婦ものもその気になって帰り、いよいよ翌朝定例により喧嘩の幕開きとなると、亭主は、女房の容態を気に喰わないからとして、

「あずき餅のようなる面をふくらかし　猶《な》おもやきもちをやくたいも無き」

と三十一文字の一首を詠んだところが、女房ははなはだしく腹を立てて、味噌摺りながら、こんな返歌をした。

「またしても又あく性《しょう》を摺り鉢の　嬶《かかあ》が顔まで味噌を付けやがる」

また、ある日などは亭主が、

「散ればこそいとど桜はめでたけれ　こちの嬶も早《は》よう死なんか」

と詠めば、女房も負けぬ気になって、

「ほととぎす啼きつる嬶は長命し　あほう親爺の跡にのこるよ」

などと詠み返しておった程だが、ある日のこと、隣家の歌人より亭主へは、

「かんにんするが家の福徳」

の下の句を与えられ、女房には、

「まけてさえいりゃ其《そ》の身安全」

の下の句が与えられ、おのおのこれに上の句をつけよと申し渡されたので、まず亭主の方から、

「我がよきに嬶《かかあ》の悪しきは無きものと　かんにんするが家の福徳」

と詠んだので、女房これを聞いて横手を打ち、

「何事も我れをあやまり順いて　まけてさえいりゃ其《そ》の身安全」

と返歌し、以来夫婦仲よくむつまじくなったというたとえがある。これ一場の戯談に過ぎないけれども、男女の対立は、互いに譲り合って、道徳を相互的なものにしておきさえすれば、決して起こらないものです。これからの男性は、男男たらざるも女女たるべしという調子では、とても女性と和合してゆけるものでない。むかしから、親孝行は子孝行より始まるといっているではありませんか。

【個人主義の襲来】

一、寒心に堪えぬ状態

アメリカ合衆国から、自分第一《ファースト》、という個人主義が輸入されて、恐ろしい勢いで跋扈《ばっこ》しはじめた。この思想の勢いは防止することができない。ナニモ個人主義、カモ個人主義、いちいち、自己を中心にして割り出す、これが高じてくると、危険思想にもなるのです。ひとくちに、学問の弊害であるといえば、それまでであるけれど、これには、また、いろいろと理由があると思います。

第一、人の頭に立つ者がどうであるか。第一流の政治家なりの行ないがどうであるか。これら、一般の人の儀表《ぎひょう》たるべき、ことに青年を指導してゆくべき人々の日常の行ないが、果たして我が日本人として為すべきことを為し、為すべからずことを避けつつあるでありましょうか。

自分らの祖先に対して、毎朝、敬意を表しているでしょうか。おそらくは、祖先の祭壇をも有していない家庭が多数でありましょう。これはじつに、寒心に堪えないことであります。

子弟を教えるのに、しきりに忠とか孝とかいっているものがありますが、これはまことに片腹痛いことです。神社仏閣の前を通っても、何ら、敬虔の意を表することなく、なかには、骨董屋をそそのかして、神社仏閣の宝物を取り出して自分の玩弄品にしているというようなのすらあります。

いやしくも人の上に立つ以上は、立つだけの行ないがあってほしい。かたじけなくも戊申詔書《ぼしんしょうしょ》が喚発されても、上大臣たるものは、どのような行ないをしたのでありましょうか。果たして勤倹産を治めたでありましょうか。華を去り質についたでありましょうか。彼らが一世の傲奢は、この詔書を拝しても、いぜん、旧に変わらないではないか。あるいはひそかに投機をさえ営んだという大臣もあるではないか。上御一人が、どれほどに叡慮《えいりょ》を悩ませられても、輔弼《ほひつ》に忠良の人を得ないときには、百の御詔書も＊、畏れ多いことではありますが、さしたる効果を認めることができないのです。

＊天皇が発する公文書。

二、日本人の思想

いまは議論の時ではない。世界の大勢をなして押し寄せているこの個人主義を塞ぎ止めようとするに、区々の議論ではなんともしかたがない。よろしく上に立つ人がまず、実践《じっせん》躬行《きゅうこう》して範を示すのが何よりです。されども予は実業家である、道徳家でない、予は政治家である、宗教家の真似はできないなどと勝手な口実を設けて、祖先を尊ばず、時には人権を蹂躙《じゅうりん》した行為をあえてし、常に待ち合入りをするという有様では、生まれ立ってくるものが見よう見真似で、いぜん、不道徳な行為をするのみならず、勝手な理屈のみは、ますます巧妙になって、個人主義は極端に発揮されるようになる。

アメリカは、個人主義の大親分ですが、しかし、その代わり、他に幾多の制裁があり、道徳があります。職務に忠実であるとか、嘘をいわないとか、体面であるとか、幾多の道徳があって、個人主義でありながら社会の制裁が厳格であるから、人々自ら抑制するところがある。我が国ではどうでしょうか。体面などといってもまさに表向きばかり、浴衣掛けになった時には、どんなことをするのか知れたものじゃないというのが現状です。

我が日本人の思想としては、何が中心にならなければならないかといえば、それは「感恩の精神」（おかげさまと恩に感ずること）とでもいうべきものではないでしょうか。感恩の精神と語に出すと、はや、どうやら間違ってしまうように思いますが、日本人として、清い、一種「感泣《かんきゅう》せざらんと欲しても得ん」（泣くまいとしてもそうすることができない）というようにありたい。この清く尊い感情、これが日本魂《やまとだましい》であると思います。この感情を失わないことです。

それには法律の力でもなければ、演説や講話の力でもない。日本人が、有害な思想を抑圧し、日本人の思想を実現するには、国民が、上に立つ人の行ないを厳重に引き締めてゆくのがなによりの近道です。

【柔よく剛を制せよ】

一、井上通女という女性

女性のうちにもずいぶんな大器がある。かの豊臣氏の末路に苦衷を致して世間の没暁漢どもからは、犬侍のようにいわれた片桐勝元の弟、吉岡彦右衛門の孫娘にあたる井上通女《いのうえつうじょ》＊などは、男性も及ばない大器であるといえよう。父の吉岡元固は、大坂の落城後、讃州丸亀の城主京極高知に知られて出仕し、井上姓を名乗っておりましたが、万治三年通女は丸亀に生まれたものです。幼にして頴悟《えいご》、五、六才にして烈女伝などを読み得たとのことだが、七、八才のころに及んでは、『源氏物語』、『枕草子』などをも誦し、十六才のときに作った『處女の賦』の一篇のごときは、誰が見ても立派な漢文で、詞藻堂々、わずか十六才ばかりの少女の手に成ったものとは思えないほどです。天和元年二十二才のとき、当時の藩主京極高豊の母堂養性院の召しにより、初めて江戸に下った際、途中の模様を記した『東海紀行』などもじつに立派なものです。

三十一才になってから、養性院が逝去されたので、江戸より丸亀に帰り、同藩の三田宗寿のもとへ嫁いだが、妻としてもまた母としても、一点非難すべきところなく、五十五才になって長子宗衍に嫁を迎えてからは、家事をいっさい新夫婦に任せ、好みの文雅の道を楽しみ、禅学などにも心を寄せ、七十九才で亡くなったというが、著書もなかなか多い。この通女の辞世として伝えられるものに、

一気終時万事休（一気終わる時、万事休す）
楽天知命又何憂（天を楽しみ命に委ね又何ぞ憂いけり）
子孫有孝能思我（子孫孝あり、能く我を思わはば）
常在聖賢書裏求（つとめて聖賢の書に向かって求めよ）

の一詩があります。通女は女性としてこのように非凡の詞藻文才をもった天才にかかわら

ず、ちっとも驕慢に流れず、天を楽しみ命に安んじ、しかも偏狭固陋にも陥らず、よく非難のない生涯を送り得たのは、通女の人物が大器であったからです。

＊江戸中期の歌人。丸亀藩主母養性院侍女を務めた。

二、小さな釜は早く煮え立つ

古くから西洋に、

「小さな釜は早く煮え立つ」

という諺がある。小さな器に水を入れて火にかけると、それは、大きな器に入れてある水よりも、早く煮え立つものです。器の小さい者は、あたかも小さな釜の水が早く煮え立つように、早く熱して逆上しやすい気味がある。ソクラテスの妻のクサンティッペが、夫ソクラテスの至極恭順な質であるのをよいことにして、頭から水をぶっかけた逸話は、よく人口に膾炙《かいしゃ》されているが、女房に水をぶっかけられて、ビショビショになっても、泰然として色を動かさず「ああ雷雨がある」と、いささかたりとも怒った模様を示さなかったソクラテスと、夫に水を浴びせかけて得意になっていた驕婦クサンティッペと、いずれが大きい器かといえば、むろんソクラテスの器が大きくクサンティッペは取るに足りない小器です。

少し世間からチヤホヤされてもてはやされ、善かれ悪しかれその名がときどき新聞雑誌へ載るようにでもなりさえすれば、たちまち天下のえらい大立物になったかのように考えてのぼせあがり、倫常（常に守るべき人倫の道）を乱してちっとも省みるところなく、これが自分のえらいところであり、天才たるゆえんである、などと自惚れてしまうものは小器たるの致すところです。自分の器が大きくさえあったら、少しばかりの事に誇ったり、わずかに名を成したばかりで、えらい人間に成ったかのように考えて、自惚れるものではない。器が小さいから少しばかりの事にも逆上して得意となり、その結果ついには恒の心を失ってしまうまでになるのです。

三、小器は無法をしがちなり

一朝の名声順境に、驕慢度しがたき者になるのは小器の致すところではあるが、また小器は、理智に乏しく、世の中を知ることの疎いのにも因るのです。要するに、小器は自分の守るべき分を覚る力の鈍いものです。自分の価値がこう広い世間のうちでどこらへんにあるものか、これをよく覚れば、かのニュートンが自ら貶して、自分は広い海辺に砂か貝殻でも拾っている小児の痴戯を演じているに過ぎないものだといったように、自己の小なるに想い到るべきはずのものだが、もともと、小器、理智の比較的乏しい者には、それができないのです。少し世間から尊敬を受けでもすれば、たちまち驕慢の態度に出て、自分ほどえらいものは世の中にないかのように考え、傍若無人の非法をあえてして悔いず、いささかも反省するところのないようになりがちです。

驕慢に流れて、我儘勝手にふるまい、無法をあえてするのが、自分の権利でもあるかのように想い、恒心を失ってしまう。人倫を乱して恥ずべき所行なりとも思わず、これを得意気に鼻にかけ、少しばかりの文名に自惚れあがって勝手気侭の振る舞いに出たりなぞするのも、みなこれ小器たるの致すところで、理智に乏しくよく我が分を覚り得ないから起こることです。

かかる種類のいわゆる「新しい」連中に比べると、古い人ではあるが、棚橋絢子《たなはしあやこ》*刀自《とじ》（年輩の女性にたいする敬称）なんかはえらいものです。私は慶應義塾遊学中から、当時の三田聖坂にあった棚橋家とは懇意にして往来していたが、刀自の夫は盲目で、川田応江なぞと共に山田方谷の門に学んだ相当の漢学者であったのです。そのころから、絢子刀自にはなかなか優れたところがあったもので、盲目の夫に仕えながら、今の棚橋一郎氏を育てておりましたが、今日あれだけの位置に上り、世間から敬われる身分となり、人爵も相当に高くなったからといって、自らえらしとする驕慢な心情なぞは微塵もない。昔ながらの謙遜なる刀自です。

＊明治から昭和にかけての女子教育家。

四、強きはこれ弱きが所以なり

絢子刀自にかく床しきところのあるのは、教育によって十二分に訓練なされ修養も積んでいるからのことで、先般ひさしぶりに食事を共にしながら談話をしてみましたが、身体も至って強健で、今の若い女性などがとうてい及ばないほどの元気です。歯なんかも丈夫で、香の物などポリポリやる。それで、電車に乗るぐらいのことはあっても、だいたいにおいて徒歩主義だというから驚きます。いわゆる新しい連中なぞの及びもつかないところです。

野口小蘋《のぐちしょうひん》＊なんかも画家としては、あれほどの大家となり、帝室技芸員にも推され女性として位人臣を極めたといってもよいほどであったが、いたって恭謙な女性で、露いささか自分の技量に誇って驕慢に流れるような振る舞いのなかったものだそうです。みなよくその分を知って自惚れあがらず、絢子刀自にしても小蘋女史にしても、少しぐらいの名誉に逆上してしまうような浅はかな修養に満足する女性ではないからです。

今のいわゆる「新しい女性」たちも、古い絢子刀自や小蘋女史に学んで、我が分を覚り得るようになるがよいと思います。小蘋女史にも夫があったそうですが、その人はまた女史と反対で、ちっとも世間に知られていない。その人も男性としては、なかなかえらい優れた人物であろうと思います。妻をしてその長ずるところに専らならしめ、夫として自分を没却し、いささかたりとも世間へ顔を出そうなどとの心を起こさず、妻のために絹素を舒《の》べ、墨を摺るというようなことは、凡人のとてもできるところでないのです。

沙翁（シェイクスピア）以来、女性は弱い者だという格言のできているほどですが、今のいわゆる新しい女性たちは、「弱い」というのは「力のない」ということと同じであるがように考え、しきりに強くなろうと力んでいる。これが、とんでもない料簡違いです。女性の力はむしろその弱いところにある。女性が強くなってしまえば、かえって力の乏しいものになる。女性の弱いのがこれ女の力です。「柔よく剛を制す」ということも、このことです。今のいわゆる新しい女性たちが、少しの名声にも逆上して常の心を失し、驕慢無法の態度に出て、ひとり自ら高しとし、これを悦んで得意になるのも、要するに女性が力のある者になろうとすれば、強くならなければならないと、料簡違いをしているからです。

＊明治末期から大正期にかけて活躍した日本画家。

【女性と独立自恃の精神】

一、贅沢なこと

世の中が恐ろしいほど贅沢になってきた。出ずるに自動車、入れば安楽椅子、まことにもって贅沢の沙汰です。

夏の炎天に、人々、困り果てて、一枚でも半ぺらでも、身に纏うものを少なくしようとしているにかかわらず、当今、普通の着物を着た上に、わざわざ、サマーコートなんかという蝉の羽じみた羅綾《らりょう》をひっかけ、得意そうな顔をしている女性が目につきます。それで天人か天女のようになって見えるのなら、まことにけっこうなことですが、まさかそうもいかない。じつにご苦労の至りです。

二、男女はお互いの鏡

男性が、女性ばかりを責めて、「善くなれ、善くなれ」とどれほどせきたてたからといって、男性がまず善くならないうちは、女性は決して善くなるものではない。男性が、女性の心意気よりも、女性の外見に重きをおき、妻を選ぶにしても、何よりさきに標緻をおくうちは、どんなに女性に向かって、贅沢な真似をするなと勧めても、それは糠《ぬか》に釘です。

西洋の俗語に、妻のことをベスト・ハーフ（最良の半身）とよぶ慣わしがあります。夫が善い男性ならば、その半身に当たる妻ももとより善い女性であるべきはずで、これを称して「最良の半身」ともいい得られようが、夫が悪い男性でありながら、その半身に当たる妻にのみ善い女性であるようにと、どんなに求めたからといって、それはとてもできない相談です。悪い男性の半身はどうしてもベスト・ハーフと成り得られるものではない。ワースト・ハーフになるばかりです。男性が善ければ女性も善くなり、男性が悪くなれば女性も悪くなるのが天下の法です。

男女はお互いの鏡で、男性の心情はそのまま偽りなく女性の身体に映るもので、いろはガルタの古い句にも、「亭主の好きな赤烏帽子《えぼし》」とある通りで、当今の男性は贅沢を好み、女性の贅沢を悦ぶ傾向があるから、女性も今日のように贅沢なものになってしまうのです。女性の贅沢を咎めようとするなら、まず、男性の心情から改めてかからねば駄目です。

三、独立自恃の精神

当今の「新しい」と謳われる女性たちは、古来の俗習に囚われるのを気に病んで、これから逃れようとしてあせっているように見えます。その結果、日本の俗習から脱し得られたにしても、西洋の皮層に囚われた、日本の女性ともつかず西洋の女性ともつかない、畸形の女性になってしまっているのではないか。欧米の女性が、我々日本人の目から見て、いろいろ変わって見える根本の動機となるものは、「独立自恃の精神」です。これが欧米の女性の本体で、その他のことはすべてツケタリです。

日本の女性が、もし真に欧米の女性を学び、欧米の女性のようになろうとすれば、何をさしおいても、第一に独立自恃の精神を体得しなければならない。ところが、当今の新しがる日本の女性には、この独立自恃の精神を体得しておるものが、ほとんどない。最初のうちはいささか元気もあり、独立独歩でゆけそうにみえた女性でも、少し長く難局におかれもすれば、たちまち心細くなってきて、男性に媚を送り、男性の力によって安泰を計ろうとする。誰の力を借りなくても、自分一人の力でしとげてみるという独立自恃の確乎たる精神がない。そんな意気地なしの女性では、どれだけ口舌の端や文筆の端が達者でも、とうてい、「新しい女性」に成り得るものではない。

当今、日本が一般に贅沢になってきたのは男性が悪いためでもあるが、また、女性に独立自恃の確乎たる精神のないことがあると思います。

欧米の女性が、男性の上に大なる勢力を揮い、ある程度までのわがままをなし得られるのは、「男性の世話になんかならずとも、立派に独立して生活していけるぞ」という毅然たる気性があるからです。

【女性と独立自恃の精神】

この独立自恃の精神を体得せずに、ただ欧米の女性のようにわがままをしてみたいとか、男性を操縦してみたいとか、上っ調子の根性ばかりを起こし、欧米の女性の皮層のみを見、これに囚われてしまうから、自然と贅沢にも流れるのです。西洋の女性はまた実際に日本で考えられているように贅沢でもない、多くは手製の粗末なものをいろいろに工夫して、美しく見られるように飾っているだけのことです。

四、女性こそは独立自恃の精神を

多くの場合、女性の贅沢は、男性に媚びて男性の力を借りて生活してゆこうという独立の精神を欠いているのが原因ではないでしょうか。欧米の女性のように、独立自恃の精神に富み、男性の力なんか借りなくても、立派に生活してゆける、という確乎たる自信がありさえすれば、男性に媚びて男性の歓心を買う必要なぞは、毛頭あるべきはずのものではない。ところが、この確信が女性の胸のうちにないとなれば、どうしても常日頃から男性に媚び、男性に歓ばれるような工夫をしていなければならないということになる。その結果、こうしたら男性の気にいるだろうか、ああしたら男性に歓ばれるであろうかと考え、ついつい贅沢ということになるのです。

欧米の女性の多くは、独立自恃の精神が勝っているから、日本の女性のように男性に媚を売る必要がなく、したがって贅沢をするには及ばないことになります。

五、三たび思いを致せ

男性と女性は相寄り相助けて社会をなさなければならない。物には表と裏がある。表だけでは物をなさない。女性に独立自恃の精神あれといっても、男性を離れて独立独歩なそうとすべきことでもない。が、独立自恃の精神だけはしっかりもっておかなければ、よい社会をつくり上げることに覚束ないといわなければなりません。なぜならば、社会は男性と女性、両者の協力によって成り立つものであるからです。

夫婦で言えば、だいたいにおいて、夫の運命は妻の運命であり、妻の運命は夫の運命です。生存競争の激しいこの社会で、家族の繁栄と幸福とを双肩に荷なって起つ夫に、独立独歩の勇猛心を要すると同時に、これを助けてその目的を貫徹させることが妻の役割であると思います。

およそ、罪悪の多くは、生活難に原因し、生活難は奢侈遊惰に原因します。ことに、家に在って日常の家計をつかさどる妻が、奢侈を事したならば、いくら外に働く夫が勤勉であっても、ことごとく、水の泡です。

【真実の信仰とは】

一、釈尊は大医王なり

大聖釈尊は、まことに大医王です。ちょうど、医者が病人を診察して病いに応じ薬を与えるように、衆生の心病に応じて法薬をお盛りくだされた。

むかしから、四百四病といって、我々には沢山の病気がある。肉体には肉体の病気があり、精神には精神の病気がある。肉体も精神もともに病気の容れ物です。

釈尊は、我々の心に八万四千の煩悩という病気があると仰せられた。そうして、この心病を一々ご治療くだされたのです。

ところで、この八万四千の心病も、その原因するところの根本は、「貪・瞋・痴」の三毒に他なりません。「貪」は貪欲、「瞋」は瞋恚《しんい》、「痴」は愚痴。この三毒が原因となって八万四千の心病が生じるのです。

釈尊はこの八万四千もある煩悩の流行病を一々ご診察の上で、それぞれ病いに応じて投薬くだされた。応病与薬、臨機応変は仏の本懐です。

人は、もともと、先天的な力を心のなかに有している。それが非常の際に当たって、倒れた者が杖を拾うように自覚することがあります。自ら呼び醒ますのです。神と人、仏と衆生といった風に、妙な力が共通している。

しかしながら、各人は、いろいろな心病によって、まことの自分というものを忘れている。本来具えている宗教心が隠れている。だから、何か非常な事態に遭遇すると、この宗教意識をひき起こすのです。

二、すべて身にあり

古人が、

「人生五十年、七十古来稀れなり」

といっているが、いま我々が、本来具有しているところの、生死にかかわらない永遠的なる不生不滅の真理を直覚したならば、同時に、阿弥陀如来となることができます。「己身の弥陀、唯心の浄土」とは、すなわち、このことです。空間的に阿弥陀を感受するように、時間的にまた無量寿を獲得するのです。そこに、各人の心の光が、無碍光如来《むげこうにょらい》と現れるのです。

この無碍光如来というのは、、高いところをすぐに説いても、よほどの識者でないかぎり、容易に解しかねるがゆえに、

「西方に弥陀如来が浄土を荘厳されておる」

と信じさすのであって、蓮如《れんにょ》上人も、

「智者も学者も往生せず、ただよく信ずるものこそ往生す」

と御文に示されてあります。じつは、阿弥陀如来は、西方ばかりでなく、東にも南にも北にも、いずれにもおられないところはない。ですから、蓮如上人は、また、「極楽は西にもあれば東にも　来た（北）道さがせ皆《み》な身（南）にもあり」と詠まれております。

三、真実の信仰

無量寿如来は、全世界に光明を照らされておるがゆえに、明遍照十方世界です。弥陀を念ずるものは、いずれも極楽へ往生するがゆえに、念仏衆生摂取不捨です。また、

「一心一向に仏たすけ給えと申さん衆生は、たとえ、罪業は深重なりといえども、弥陀如来は救いましますべし。これすなわち第十八願の念仏往生の誓願の心なり」

と示されていますから、諸君は、西に向かっても、東に向かっても、自己胸中の弥陀如来を忘れてはなりません。この心の光なる無碍光如来を寸時も取り逃がしてはなりません。

この無碍光如来を寸時も取り逃がさなかったならば、今までの不平や煩悶は、この光に照らされて消散してしまい、ただ有難いという感謝の念に満ち満ちて、喜び勇んで家業に従事することができるのです。これが、すなわち、真実の信仰です。

釈迦牟尼如来は、十二月八日、明星の光を仰いで、豁然として大悟されたとき、「有情非情同時に成道す」と獅子《しし》吼《く》された。すなわち、いま、自分が悟ったのみでなく、あらゆる有情も非情も、元来、迷っているものでないと叫ばれたのです。

古人は、桃の花を見て悟り、あるいは鐘の音を聞いて悟った人もあります。諸君が、掃除をするとき、飯を食うとき、寝るとき、坐るとき、たえずこの無碍光如来に浴しておったならば、けっして、不足も煩悶もなく幸福に暮らせるのです。

大医王たる我が釈尊は、八万四千の心病に、日夜、苦しみ抜いている衆生に対してこの無碍光如来という霊薬をお示しくだされたのであった。しかしながら、ただ聞いたばかりではなんにもならない。じっさいに味わってみなければ効果はない。

日月は流れて矢のごとく、昨日までの子供は、今日、はや、青年となり娘さんとなり、明日は子供を抱えた父となり母となる。諸君は一刻も早く信仰の道に進まれ、自らを益すると共に、他をも益し、活溌溌地の活動をなされんことを希望します。

【確固不動の大信念】

一、冷たくなるが悟りにあらず

禅宗の大悟徹底は、灰吹から蛇を出すような、松旭斎天勝《しょうぎょくさいてんかつ》*でもやりそうな、奇術に類したことをやると思ったり、または、どれほど悲しい場合に出合っても、決して悲哀を感じないし、どれほど楽しい場合に出合っても、けっして楽しく感じない、あたかも、石仏のようなものだと考えている人が、世間に往々ありますが、これは真性の悟りを知らない人で、まったく誤解です。

あるとき、さる若夫人が、可愛い盛りの乳飲み子を残して死なれたので、わたしは気の毒でならず、可哀想でならず、思わず涙を流した。ところが、ある人が、

「あの坊さんは禅宗でいながら、あんなに涙を流すのは、悟っていないからだ」

と評したということを、そのあと、聞いて、むしろ滑稽に感じたのであった。

あたかも、これと同じような昔噺があります。おさつという婆さんが、白隠禅師に参禅して、長い間修行をしたので、悟りを開いているという評判であった。あるとき、このおさつ婆さんの最愛の一人の孫が死んだ。おさつ婆さんは悲しさに、前後不覚に泣いた。すると、ある人が、おさつ婆さんに向かって、

「お前は悟りを開いているということだが、やはり、ふつうの女と同じように悲しいのか。それでは悟りも何もあったものではない」

といって冷笑した。これを聞いたおさつ婆さんは、端然として、

「緋の法衣や紫の法衣を着て、錦襴《きんらん》のお袈裟を掛けた沢山の高僧方が、読経してくださるよりも、この一人のおさつ婆さんが泣いてやった方が、孫はいくら歓ぶか知れない」

といって、また、声をあげて泣き悲しんだということです。

悟りというものは、我々をして血も涙もない石地蔵や、枯木寒厳のように為すものではけっしてないのです。

＊明治から昭和にかけて活躍した女性奇術師。日本で初めて欧米式のショウを行った。

二、悟りとはいかなるものか

それならば、悟りとは、いかなるものをいうかといえば、何者に対しても、断じて一点の疑いなき境界に達したのをいうのです。

これを、他力門でいえば、弥陀の本願になりきって、そこにちっとも疑いをはさむ余地なきに至ったものを指すので、これを喩えれば、水の冷たく、火の熱きは、誰も疑いを挿む余地が存しないようなものです。

このようにすべてに対して、疑いの一点も存しないのが、悟り得たる当体《とうたい》です。ここに至るには、各自、一心不乱の三昧に入って、自分自分に冷暖自知するよりほかに道はない。一点疑いなきところに達し、確固不動の信念を有しない人は、どんな場合にも躊躇《ちゅうちょ》逡巡《しゅんじゅん》する。いい換えれば、二の足を踏む。善か悪か、是か否か、讃められるだろうか、それとも、誹謗《ひぼう》されはしないかと、こんなことでは、いざという場合に臨み周章狼狽《しゅうしょうろうばい》してなすところを知らず、じつに見苦しい醜態を演じるのです。

哲学の力、腕力、財力、地位、名誉、あらゆる力がなんの役に立つか。ただ、ここに、我々をして、戦々恐々ともさせない強い力が一つあります。それは、すなわち、自己胸中、一点、疑いなきところの確固不動の大信念です。すべて、世に大事業をなすほどの人で、宗教を無用物視した人はけっしておりません。それなのに、往々、「神も仏も用はない。宗教などは無用の長物だ」といって、得々たる人に至っては、自己の無識を標榜《ひょうぼう》しているようなものです。むかしから、聖賢、君子、英雄、豪傑と称されている人は、みな、確固たる信仰を有していた。ゆえに、白刃頭上に閃くも、泰然自若としておったのです。

三、驀進《ばくしん》して顧みるなかれ（まっしぐらに進んで後ろをふりかえるな）

かの好個の鉄漢、好個の快男児、北条時宗が、西海に蒙古襲来を聞き、武装して仏光禅師にまみえていう、

「大事到来せり」

禅師答えていわく、

「如何んか向前せん」

時宗、大喝一声すると、禅師いう、

「真の獅子児なり、よく獅子吼す。まっしぐらに前進して回顧するなかれ」

時宗、拝辞して出る。ここにおいて、時宗の意志、金剛のごとく、眼中十四万の元兵なく、英気大元四百余州をのむの慨があったのです。

これより先、時宗が、仏光国師から五箇条の垂示を蒙ったが、その第四に、「勇猛の士気は、よく白刃を踏むべし、柔弱の肢体は、窓隙の風をも忍ぶあたわず、よろしくまさに勇猛の士気を保持すべし」とあるが、果たして、時宗の勇猛なる士気は、白刃を踏むも怖れず、数百の艨艟《もうどう》、十四万の貔貅《ひきゅう》を撃砕して、海底の藻屑に葬り去った、かれの功績は偉大です。

すべて、人は、ふだん、確固たる信念を得ていれば、どんなに苦しいことでも、どんなに危険なものでも、少しも臆せず、毀誉、褒貶、得失、是非のいかんに関せず、断断乎として、自己の信ずるところに向かって突進することができるのです。

ことに、大事業に着手して、

「我れ一代に成しあたわずんば、子々孫々にかけても、かならずや、成就せしめん」

との永久的の事業も、これによってできるのです。

前に述べた「まっしぐらに前進して回顧するなかれ」というのが大切なところで、我々が一点の疑いなき確乎不動の大信念を有して進めば、商人が算盤を操るも、農夫が鍬を動かすも、はた、廟堂に立って天下国家の経綸をほどこすも、すべて、みな、百花爛漫たるなかに、微妙に奏する小鳥の音楽を聞きながら、駘蕩《たいとう》（のびのびしたようす）たる春風を浴びつつ、常に、各自の責任を尽くしているようなものです。

我々が、ひとたび、この境地に達したならば、楽しんで淫せず、悲しんで傷《やぶ》らず、中庸を得たる立派な人格を作り成して、永久に通じ、無限に活躍する生命を得ることができるのです。

【平等観と差別観】

一、宇宙は一金万器

我が禅家では、

「即身成仏」

といって、仏も人も同じものであるという。ただに仏と人とが同じものであるばかりでなく、

「草木国土悉皆成仏」

無情の草木瓦石ですら、かつ、人間と同じです。

これを譬えると、天地宇宙は一大連鎖であって、元来が、その間に差別というものはな

いのです。

今日に至る国家の歴史について考察しても、はた、また、個人の生涯について観察しても、進歩に進歩を重ねて、自覚の時代に到達すれば、既往のあらゆる囚われから脱して、人心を直指し、万物の本源に立ち帰って、平等観念を懐《いだ》くようになるのが当然です。

個人間にも、平等観念が旺盛になってきて、匹夫の身をもって、一躍、関白の栄位に上った豊太閤のようなものを生じ、上下貴賤の差別が撤去されてしまうものです。維新の風雲に乗じて身を立てた元勲連中の活躍の動機となったものも、またこの平等観念でした。

一個人が発育成長してゆく上においても、二十歳前後の春機発動期に達し、これから智情意の、ひと進歩があろうという年ごろともなれば、国運興隆の際における国家と等しく、多少、意気地ある青年は、いずれも、みな、(原始的な)平等観念にかられ、「彼れも人なり、我れも人なり」と思うようになるものです。事理を解する力があると思われる有為の青年が、誤られてしまって、ノラクラした遊民に変じ、気位ばかり高くって、いっこう、その実のあがらない危険人物となるのも、おおむねその時期においてです。

釈尊が、四十九年、三百余會の説法を始められる最初に当たって、唱道せられたところ

も、やはり、この平等思想で、

「四河、海に帰すれば、同一鹹味。四姓、仏に帰すれば、同一釈氏」

というのでありました。

科学者は、物質の元素を、ただひとつの電子に帰してしまうが、宇宙は、一金万器で、同じひとつの金が、種々雑多の器物に千変万化しているのである。だから、思索の歩を進め極めて、本源に到達したならば、かならずや平等観念に帰してしまうのです。

しかしながら、平等思想は、原始的な思想であって、どちらかといえば破壊思想（アナーキー）であるから、この思想に到達するのは、けっして、困難事ではない。易々たるものです。あえて、智者、天才に待つまでもなく、凡才のよくし得るところです。

ただ、差別観に入るに至って、始めて大なる智慮を要し、多くの経験を要する。したがって、智者、天才に待たねばならないものが多々あるのです。

二、差別に処する難

このように、平等観に達するのは、けっして、むずかしくないけれども、差別観に入るに至って、始めて、困難事に遭遇するのです。「花は紅、柳は緑」これが人間の差別観です。前にもいった通り、天地宇宙は、一大連鎖であって、その間に差別のあろうはずはないが、しかしながら、これを分かてば、一つ一つの単鎖の連結したものです。天地宇宙の存するかぎり、差別をなくすわけにはいきません。

およそ、人間に、平等観念ばかりがあって、差別観念がなかったならば、世の中は、まるで暗黒の中で、獣が相撃つような雑然たる状態に陥るものです。

冠は頭に戴くべきもので、足に穿くべきものではない。社会は無差別では、とうてい存立し得られないのです。人倫道徳が社会に欠くべからざるゆえんは、じつにここにあります。

差別をなくするのは、鎖の単鎖をなくすると一般論で、鎖そのものもなくなってしまうことになる。無差別では、社会を組織することはできない。ゆえに、たとえ微少の差別が乱れても、じきに社会の安寧に影響し、宇宙全体の組織に狂いを生じるのです。

平等といっても、差別を離れて平等は存立しないと共に、差別といっても、煎じ詰めれば平等に帰するのです。けっして、「我見」の平等に囚われ、「我見」の差別に囚われてはなりません。

ドテラは寝巻にするか、あるいは、家に寛いでいるときに着て出るべきもので、いやしくも礼儀を保つ場所に着て出るべきものではない。それなのに、ドテラを着て、礼儀の場所に出席し、もって得々たるがごときは、これが、すなわち、「我見」に囚われた平等です。それから、また、「仁義礼智」など、人倫道徳の枷《かせ》に縛られて、殺活自在の活手段なきものも、これまた、「我見」に囚われた差別です。

要は、「我見」に囚われて、その奴隷になることなく、真の平等、真の差別の上に身を置き、まったくの「無我の愛」を持して、縦横無碍の活動をなさねばなりません。

三、理の顕現は秩序

お経の中に、

「理に順って心を起こせば善となり、理に逆らって心を起こせば悪となる」

とあります。およそ、理の顕現は秩序であって、秩序の体は差別です。平等思想は大切なものであって、人間はこの思想がなくなると、卑屈となり、無気力となる。奮発心も起こらなければ、向上心もなくなってしまう。ただ動いている形骸たるにとどまるのです。

さりとて、差別の大切なることを認めず、秩序を乱し、人倫に叛いて、「得たり賢し」となすがごときは、これを乱臣賊子といわねばなりません。

かつて、欧州に行なわれた帝王神権説（王権神授説）のごときは、「我見」に囚われて平等を無視し、差別を顚倒した邪道にほかならないが、社会主義のように、社会の秩序を蔑如し、人倫を顧みず冠を足に穿き、履を頭に戴いて、平等なりと心得るような思想も、また、帝王神権説と同じく、理に逆らう「我見」たるに過ぎません。

世の青年たるものはよろしく、この悪平等、悪差別の邪説に迷わされることなく、平等思想を土台とした差別観に入り、「無我の愛」に入って、よく、「唯我独尊」の見地に立つ心掛けが必要です。「我見」と「唯我独尊」とは、猫と虎とのように、似ておって、さらにさらに大なる相違がある。悪平等に囚われて乱臣賊子となり、差別を無視して理に逆らう悖徳漢《はいとくかん》となるごときは、猫を描いて虎に類する、というよりは、猫を描いて犬に類するよりも、いっそう、はなはだしいものです。

一私人としても、また国民としても、この平等思想を持して平等思想に囚われず、この差別観を守って差別観の奴隷となることなく、秩序厳格にして、一視同仁の主義を忘れることなければ、常に優勝者の地位に在って、殺活自在の働きがなし得られるのです。

【求道の三要素】

一、大信根を立てよ

諸君が大道の獲得を志して修行される、すなわち、道を求められるについて、三つの重要なる事柄があります。これは私一箇の考えから定めたものではなく、古来の先覚が等しく、みな、そうであると認められているところのもので、いわば「求道の三要素」とでも申すべきものです。今回はこの「求道の三要素」についてお話をします。

さて、「求道の三要素」とは、この三つです。

一、信（大信根）

二、疑（大疑団）

三、奮（大奮志）

まず、「信」からお話すると、お互いが、持って生まれている「心」そのものが、すなわち、「信」です。ぜんたい、我々は何を信ずる、釈尊出生以前は何を信じたでしょうか。各宗教の教祖が出生するに先立ち、各人は何びとが何を信じたでありましょう。未生以前の我らの「信」、これを求めてやまなかったならば、鐘は大きくつけば大きく響き小さくつけば小さく響くように、求めるところ、きっと、何かが得られます。学問以上、理屈以上、感覚以上、さらにさらにそれらの念を払い除けて、さて、何をか得られん、残ったものは自己です。すなわち自己を信ずる。自己を信ずるというとどうやら変に聞こえますが、自己を信ずるとは自己の本体を信ずる。いい換えれば、宇宙の本体とか、真如とかで、自己の本体は空間的に広げれば自己ならざるものはなく、十方世界に満ち満ちてあるといってもいい。ただ深い、ただ広いのではない。これを縮めれば絲髪《しはつ》を立《りっ》せず。大か、大にあらず。小か、小にあらず。じきに大、じきに小。大とか小とか、長短、彼我の差別の相を超越している。超越しているといっても、広まるときは法界にみち、縮まるときは絲髪も立せず、いわば絶対なるもの、無限なるもの、そうして、同時に、相対なるもの、有限なるものです。

いま、わたしが、「カタン」という音をさせたら、一同の人がこの中に収まるのみならず、法界の差別相は一声に帰入してしまう。と同時に、この「カタン」という音が、天にありては日月星辰、地にありては山河大地、みなこの中から孤々の声をあげたといってもいい。これを情的に眺めて見たら何であろう。

仏心者大慈悲これなり。仏の大慈悲のうちから万物が生まれてくるのです。この大慈悲が報恩謝徳となる。ゆえに、我々は片時といえども報恩謝徳のことを忘れてはなりません。

仏教を歴史的に見れば、いろいろ錆がついているが、菩提樹下において、豁然大悟されたときに絶叫された、「一切衆生悉有仏性」の語は、この境界を我がものにした凱歌であった。我々はまず大信根を立て、この凱歌を奏しなければならない。ゆえに、我が禅宗では、大信根を立てよという。天裂け地焼け、水は火になっても、深く信ぜよというのです。

二、大疑団を起こせ

次に「疑」です。「疑」は「うたがい」です。疑問を起こすのです。大信根を立てんとするには、まず疑わなければなりません。疑いも疑い、大なる疑いを起こすがよい。すなわち、大疑団を起こして、

「人は万物の霊長というが、いかなるところが、そもそもいかなるところが万物の霊長であろうか」

と、深く深く自己胸底に尋ねるがよい。この眼は、隼や鷹よりも鈍くできている。それならば、体力であろうか。体力は、獅子にも虎にも劣っている。また、お互いが鼻がというかも知れないが、嗅覚は決して犬に勝るものでない。それなら、長命の点であろうか。いや、鶴亀に及ばない。いまいう霊長は肉体上でなくして精神上にあります。

が、そうはいっても、五官の官能の上から考えてみると、ことごとくこれ妄念妄情です。雑念が、それからそれと、紛然、生起してやむときがない。まことに、時々刻々、変転きわまりないものは、我々の「心」です。そうとしたなら、どんなところが霊長といえるの

でしょうか。

前にも述べた通り、我々のこの肉体というものは、まことに不確かなもので、脆いものです。一寸先が分らない。今日あって明日ないかも知れない。そもそも、我々は、どこから生まれてきて、どこへ向かって死にゆくのでありましょう。

「生いずくよりきたり、死いずくに向かって去る」

で、お前はどこから生まれてきた、知らない。うんと眼を閉じて考えてみるがよい。眼光落地のとき、そもさん。どうもしかたがない。そこで、自性を識得すれば、生死を脱する。

諸君が、蒲団の上に坐ったとき、

「自分は何をしているのか」

と考えてみられるがよい。どうにもこうにもならなくなろう。ただ自性を識得すれば、生死を脱離し、そうして、死の向かうところを知る。この解決ができなければ、どんな宗教も孱弱《せんじゃく》なものです。我が宗旨では、このことをさして「見性《けんしょう》」というのです。

詩人のハイネが大海原の岸に立って、天を眺め、海を眺めて、この朝、この夕べ、動いているのはなんであろう。空には白雲が動いている。そうして、星の光がチラチラしている。あの星の光っているあちらはなんであろう。また、考えている自分はなんであろう。

と歌って、ついに、

「我はなにものであるかを知らない。千古万古の不思議である」

といった。この解決がつかなくては、大安心、大立命ができない。それから、彼は精神界の光明を見い出したと聞いています。

我々は衣食住の生活を営んでいる。また、草木魚介に至るまでそうです。彼らの生活はどんなに低くても、生活という方からいえば、みな衣食住の様式をもっている。食って飲んで垂れている。それが何だ、それだけではまだいけない。しかもこの塵中の塵の生活に即して釈迦の生活を生ずる。肉に即して霊に生活する。それを知らなければならない。これを離してみるべきものでなく、もとは一元です。

わたしはいう。大疑のもとに大悟ありで、まず、我れそのものは何であるかを提起してみなければなりません。そうして、いよいよ悟道に入らなければなりません。

三、大奮志を要す

おおよそ、仏教には、入口はいくらもあるが、奥へ入ればみな一つです。ことごとく悟りを開くということに一致します。

ある僧が播磨の国の書寫山《しょしゃざん》に、独湛《どくたん》和尚を訪ねた。すると、独湛が、

「弥陀如来、齢は幾つ」と訊く。

僧いわく、

「それがしと同年」

湛いわく、

「お前さんの齢は幾つ」

僧いわく、

「阿弥陀如来と同年」

湛いわく、

「阿弥陀如来、なんのところにかある」

僧は答えず、少し左の手をあげたとある。

みなさんにこの問答がわかりますか。一般の人は西方極楽浄土でなくては、阿弥陀さんはござらぬと思っているか知らんが、我が禅家では、

「一超直入如来地」

で、悟入さえすれば、我れ、すなわち、仏です。いや、悟らなくとも、元来、仏であるけれども、悟らなければそれに気がつかないのです。

こうした境界に入るには、ぜひとも、大疑がなくてはなりません。疑いのない人ほど度し難い人はいない。道徳にも、法律にも、触れたことはないなどという人は、宗教を味わい得ない人です。道徳は人間仲間で決めた規則であるが、宗教は人間仲間で決めたようなものではない。宗教は、仏と人とが感応同交するところ、そこに宗教の本領があるのです。大いに疑え。大いに疑え。それは、やがて、大悟の境界に汝を導き、大解決を与えるでありましょう。それには大奮志が必要です。

釈迦は、身、王位につくべきでありながら、最愛の妻子を捨てて山に入られた。そうして、

「我れ道を得ずんばこの座を起たじ」

と決心された。また大悟徹底なされた後、世に現れ給うや、

「あらゆる生物の尽きないうちは、我が誓願心も尽きない。すなわち救済心も尽きない」

といわれた。

日蓮上人のような人も、

「日蓮一人なかったならば、元寇《げんこう》の災いを斥けることができぬ」

と堅く自信しておられた。そうして、

「我れ、かくいうは、国のためなり。衆生のためなり。我れはかくせざるべからず」

と、龍口《たつのくち》において、首をはねられるというときにも、「この垢だらけの首で法華経に代え得られるならば、願ってもなき幸いである」

といわれた。浄土門の法然上人も、道の前には、遠島流罪のごときは何でもなかった。かかる大奮志は、大信根からでてくる。かくして後の活動は、じつにたいしたものであろう。

【究竟《くきょう》の大安心】

一、仏事は生存者が相手

儒教の語に、

「終わりを慎み、遠きを追えば、民の徳、厚きに帰せん」

というのがあります。この終わりを慎み、遠きを追う、すなわち、死者の葬式、及び、先祖への追善供養ということは、独り儒教のみでなく、儒教はもとよりしかり、その他のあらゆる宗教が、この事を行なわないものがない。もともと、この祖先の祭祀は、どこ、いかなる民族の上にも、古代から行なわれてきているので、広い意味でいうと、人というものの本性から発露し来った一つの現象です。そうして、世界宗教の起こるのも、また、ここに在るといってよいのです。

この事はけっこうなことであって、誰しもが意を用いて鄭重に執り行なわなければならないことです。ところで、他の宗教におけるところの儀式は、どのようなものか、そのことはしばらくおいて、現今、日本及び中国における仏事は、どんなふうにして行なわれておるのかというと、千篇一律《せんぺんいちりつ》、「仏前で経を読む」ということになっている。

画像、あるいは、木像などをもって表象されている仏に向かって、専門家以外の人にはチンプンカンプンの、何が何やらわけの分らないお経を読み上げる、これが世間一般の慣わしです。この仏に対して誦経するということについては、いろいろ深い意味もあり、まことにけっこうなことではあるが、仏教における仏事は、この法式のみで尽きているかというと、けっしてそうではない。

仏教の本義からいうと、木仏、金仏、及び、位牌に向かって誦経するよりは、生きて物いう人間に聞かせるのが主眼です。死んだ者に対して引導を渡すよりは、生きた人間に向かって引導を渡してやるのが眼目です。

この生きた人間を相手として、これに生きたお経を聴かせ、生きた回向をし、生きた引導を渡すということは、釈尊がご一代のお事業であったから、これが仏教の本義なることは、いまさら喋々するまでもなく、明瞭なる事柄です。

さて、生ける人に向かって、生きた経文を読み聴かせるということは、どんな意味があるかというと、安心立命させるの意味です。あらゆる宗教は、ことごとく人々に安心立命せしめるためにできているのです。ことに、我が仏教の極致はここに存しているのです。もっとも、安心ということにもいろいろある。ある人は財産を沢山積むことをもって安心であるとしている。あるいは名誉を得ることをもって、あるいは無病健康をもって、その他いろいろのことをもって安心している。それもそれらの人々にとっては、むろん、一部の安心には違いないでしょう。が、これらは、つまりは、世俗の安心、一時的安心、仮の小安心であって、わたしがいうところの究竟《くきょう》（究極）の大安心ではありません。

二、究竟の大安心とは

それならば、その究竟の大安心というのは、なんであるかというと、じつに人生終局の目的とする大安心であって、「生死得脱」がそれです。なにゆえに生死を得脱するのが大安心であるかというと、人生の不安煩悶を煎じ詰めると、「死」という一点に帰着するからです。

この世の中を、また、娑婆世界という。娑婆は梵語であって、苦の世界の意味です。その苦にも、いろいろありますが、大別して生老病死の四つとして、これを四苦という。この四苦の中で、死が、苦の中の最も大なる苦です。そこでこの死という関門を超脱し得たならば、世の中の不安煩悶は一掃し尽くされるわけです。

生死の生は、「うまれる」で、生まれて現世に生活していると、まず、病気という苦がある。それから老という苦がある。俚諺に、「寄る年波には勝てぬ」というが、まったくその通りで、「眼は霞み耳は蝉鳴き歯は落ちて　頭に積もる老いの白雪」「皺がよる黒子《ほくろ》は出来る腰かがむ　頭は禿げる髪白くなる」などという歌の調子は、どんな地位権力をもってしても、どんな金力や智力をもってしても、こればかりはどうすることもできない。ですから、「世間に公道はただ白髪、貴人頭上にも暫らくも仮さず」などと詩人も嘆息している。そうして、この老いの行き止まりが死です。

生死という語は、生老病死の初めの一字と終わりの一字とを取っていったので、生死の二字で、つまり生老病死を意味しているのです。

ある人が、老・病・死の苦なることはよく承知しているが、生は生まれることで、喜ばしいこと、目出度いことであるのに、これを苦の中に入れたのはどうしたわけかと訊ねたことがあります。なるほど、一応はもっともな疑問ですが、それは凡俗の見解です。なぜならば、苦中の最大たる死は何のためにあるか、また、老・病も何のためにあるか。いちいちしらべてみると、遠く遡って、生に胚胎している。人は、生まれたがために死がある。生まれたがために病気にもなれば、齢もとるのです。生さえなかったならば、老・病・死はないので、四苦八苦の原因は、ことごとく、生の一つに帰するのです。

ゆえに、ここに死の関門を打破せんとすれば、どうしてもその原因たる生と共に打破しなければならない。そうでなければ、けっして、大安心は得られないのです。

三、生死の中に物あれば

死はじつに人生の一大事です。けっして、議論でも空論でもない。眉に火のついたような一大事件です。それなら、いかにしてこれを解決し、いかにして安心を得るかというと、ここに面白い一話があります。

これはむかしから有名な話です。

あるところに、二人の者が、相対して、意見を闘わしている。その意見というのは、すなわち、生死の大問題を解決するについての意見です。その一人の説は、

「生死中に物あれば生死に迷わず」

というのです。他の一人の説は、

「生死中に物なければ生死なし」

というのです。いずれも堅く自説を主張して相ゆずらない。そこで、先輩の一人についてこれを質すことにしました。

「私の説は、生死中に物あれば生死に迷わずというのでございまして、他の説は、生死中に物なければ生死なしというのでございます。ぜんたい、いずれが親しうございましょうか」

といって訊ねると、訊ねられた先輩は、これに答えて、

「親しき者は問わず、問う者は親しからず」

と捌いてしまいました。

これは、これで、かれこれと説明を加えても、かえって、誤解を生じやすいから、しばらくおくことにしましょう。

この二人の意見の大意だけをごく通俗に説明すると、「生死中に物あれば」の「物」とは、ぜんたい、何でありましょう。「物」とは「ある物」の意味です。「ある物」とは何でありましょう。実は、何とも名のつけようがないから、仮に「ある物」といっておいたのです。

さて、「生死中に物あれば生死に迷わず」というのは、「生死の中で、ある物を見い出したならば、じきに、安心立命ができ、生死得脱ができて、けっして、生死に迷うようなことはないようになる」の意味です。何と名をつけてよいか分らないから、仮に称して「ある物」といったのですが、仏教では、これを「真如」ともいっているし、また、「菩提」ともいっているし、また、「涅槃」とも称しているのであるが、これとて、もとより仮に附した名称に他なりません。あるいは「神」としてもよく、「仏」としてもよく、「実在」といってもよいのです。

要するに、我々が、「生・老・病・死」の四苦の中に在って、その中に「ある物」の存在を認め得たならば、そのとき、不生不滅の境地に入り、安心立命することができるのです。我々は、もともと、この「ある物」の中から生まれでているのであって、ただその事に気がつきさえすればよいのです。

我々が、「酔生夢死《すいせいむし》」の境から覚醒してきて、深く人生の真意義に触れようと欲するなら

ば、

「吾人は何れより来り、また、何れかに向って去るか」

「即今、吾人の立脚地は如何ん」

ということについて、深く深く考えなければならない。もし、よく、この点に徹底したならば、我々は「ある物」の中から生まれてきて、また、「ある物」の中に向かって去るのみならず、即今、厳として「ある物」の中に生存しているということに気がつくでありましょう。ここに気がついたならば、はじめて、大信仰と大安心が得られるのです。

再び言いますが、「ある物」、仮に名づけて「仏」という。すなわち、我れは仏の慈悲光明中に生まれでたものです。出発点はただちに帰着点です。いや、出発点とか帰着点とかいう必要もない。我々は、元来が、仏の大慈悲光明中に悠遊しているのです。我れという小我は、仏という大我の中に没入して、ここに大安心を得ることになるのです。

「唱ふれば仏も我れもなかりけり　南無阿弥陀仏南無阿弥陀仏」

の境界です。

白隠和尚の『坐禅和讃』にも、

「衆生本来仏なり、水と氷の如くにて、水を離れて氷なく、衆生のほかに仏なし、衆生近きを知らずして、遠く求むるはかなさよ」とお示しになっています。しかしながら、この「生死中にある物を認め」て、それによって大安心を得るの境地は、客観的であって、これは浄土門の方です。

次に、いわゆる、「生死中に物なければ生死なし」というのは、「ある物」の存在を認めないのであるから、もとより生・老・病・死というようなもののあろうはずがない。もともとが、我れの表現がただちに仏であり、神である。これは前の浄土門に対して、聖道門という側です。前者はいわゆる他力で、後者はいわゆる自立です。

ところで、このふたつの意見と趣きを同じにしているのは、六祖大師と神秀大師との偈《げ》の相違です。

神秀大師は、

身是菩提樹（身は是れ菩提樹）
心如明鏡台（心は明鏡台の如し）
時時勤払拭（時時に勤めて払拭せよ）
勿使惹塵埃（塵埃を惹かしむることなかれ）

この身は菩提（悟り）を宿す樹である。心は曇りのない鏡のようである。つねに精進して心を浄めなければならない。煩悩妄想の塵や埃で汚さないことだ。

といわれたが、これに対して、六祖大師は、

菩提本非樹（菩提本樹なし）
明鏡亦非台（明鏡も亦台に非ず）
本来無一物（本来無一物）
何処惹塵埃（いずれの処にか塵埃を惹かん）

菩提もなければ煩悩もない。鏡のようなものでもない。本来無一物である。塵や垢のつくこともない。ゆえに払う必要もない。

といわれた。この「本来無一物」は、ただなんにもないの意味と早合点すると大いに間違う。一切変遷の相を一貫して見た上の無一物で、迷悟の沙汰はない。しかし、これは、ほんものを手に入れないと、真正の見解には達せない。決して、容易の看をしてはならな

い。

「白露のおのが姿をそのままに　紅葉に置けば紅の玉」

生死の中に処して、しかも生死に転ぜられないという活溌自在の境界は、うんと骨折って修行さえすれば、かならず手に入れることができます。

「迷うが故に三界は城」

一念の迷いのために、我れと我身を三界城に閉じこめ、無縄無縛の苦に悩んでいる。

「悟るが故に十方空」

一念悟って気がつけば、十方世界、空洞として、さらにさしさわるものはない。

「本来東西なし、何れの処にか南北あらん」

天体の全体からいうときは、元来、東だ西だ南だ北だという区別はない。ただ我々が、便宜上、仮に東西南北の名を附したまでです。是非善悪、生死、迷悟、ことごとくその通りです。ですから、この迷いを打破してしまうと、生死の繋縛から免れて、四通八達、見通さぬところなしという自由を得られるのです。

四、効能書きでは病いも

みなさんは、今わたしがお話した二つのうち、いずれかによって安心立命されるか。生死の中に「ある物」を認めない自力門によられるか。それは各人が心の向きよう一つであり、また、人々の機根しだいにもよることであって、いずれを善しとも悪しともされない。いずれにても結構です。

とにかく、日一日、生存競争の烈しくなってゆくこの社会に立って、大いに活動しなければならない諸君が、活動の原動力たるこの大安心を一日も早く手に入れられるということは最も必要なことであろうと思います。

さて、ここまでお話ししたらば、これ以上は、もうお話しできない。いや、できないわけではないが、お話ししてもそれは無駄です。どれほど巧妙に説いたところで、絵に描いた餅では腹がふくれず、効能書きで病いも治せない。ここは、ぜひとも、各人が自得自証して冷暖自知せられる他はないのです。

【富貴の家の女性達に】

一、白隠禅師の隻手《せきしゅ》の声

「六窓未だあげざるに、耿然《こうぜん》たる一天、虚明なる中に思わずも、八旬にたけ給いぬと、見させ給う老僧の、香染の袈裟を掛け、水晶の数珠を爪《つま》ぐり、鳩の杖にすがりつつ、妙聞ただしき御声にて、我れは洛陽東山の清水のあたりより、汝がために来り、もとより大慈大悲の誓願などか空しからん、唯一音なりとも、我れを念ずる時節の、王難の災は遁《のが》るべし。況《いわ》んや汝年月、多年の誠を抽《ぬき》んでて、発心人に越えたり、心安く思うべし。我れ汝が命に代わるべしと宣いて、夢は乃《すなわ》ち覚めにけり。盛久貴く思いて、歓喜の心限り無し」

これは謡曲『盛久』にある一章で、盛久が頼朝に相見の際、夢によって感得した観音の霊験を公の前に説いたものです。また『三十三所観音霊験記』壺坂寺の段のうちにも、谷川に身を投げて人事不省に陥った沢市、お里、の霊夢に現れ給うた観音が「微妙の御声さわやかに」発し給うたとあります。しかし、観音の妙音は耳に聴くべき音声ではない。心をもって聴くべきものです。心をもって聴きさえすれば、天地万有あらゆるものにみな微妙の音声があります。木の葉落ちる音も、せせらぐ川の水の音も、一つとして観音の妙音ならぬはない。学者はこの妙音を称して「先天内容の声」といっています。

人に「安心」があるとかないとかいうことは、心の耳でこの妙音を聴き得たかどうかという一点にあります。人は男女の別なくまずこれを自問自答して験《し》るべきもので、果たして自分は妙音を聴き得たかどうかと。

白隠禅師が「隻手の声」の公案をひっさげて、

「これをどういう風に聴くか」

と仰せられたときに、当時の唯物主義者が伝え知って、白隠禅師をいたずらに世を惑わす詭弁家とでも思ったものが、

「白隠の隻手の声を聴くよりも　両手たたいて商いをせよ」

と落首をした人があった。白隠禅師はこれを聞かれるや、

「商いが両手たたいてできるなら　隻手の声はきくにおよばぬ」

と返歌を詠まれたそうです。

いかにもこの歌の通りで、世の中が、万事万端、都合よく運び、両手をたたいてさえいれば、それで商いのできるものなら、あえて「先天内容の声」を聴くにもおよばないでしょうが、世の中の有為転変は旦夕《たんせき》を期しがたく、一寸先はまったくの暗黒です。いかに聖賢の知識をもってしても、ひと息先はどうなるか、とても解るものでない。意外なことが突然ヒョイと足下から湧いてくるものです。

二、剃刀大臣無智を歎ず

世の中に、意想外の事というものがなく、何でも思う通りにゆくものならば、人はみな安心して一生を送り得られるでしょう。しかし、いつまでも生きているだろうと思った人が、不幸短命にして死んだり、また健康でなければならないはずの人が思わぬ病気に罹ったり、自分ら家族の雨露をしのぐための家屋が焼けてしまったり、売れるだろうと思った物がかえって売れなかったり、高くなるだろうと見当をつけたものが急に下がったりすれば、いくら両手を叩いても商いができなくなるものです。いや、両手を叩くことさえ叶わなくなる。

そんなときに、ふだんより「先天内容の声」に心の耳を傾けず、これを聴かずにしてきた人は、たちまち周章狼狽して坐作進退にすらその度を失するまでに、疑い惑うに至るものです。人の身体は「生・老・病・死」を盛る器で、世の中は苦悩死厄の世界です。

故陸奥宗光伯は、あだ名を「剃刀大臣」とよばれたほどで、一代の智者でした。日清戦争もいよいよ終局に近づき、李鴻章が講和談判のため来朝することになった。陸奥宗光伯も故伊藤公と共に馬関に乗り込んだのだが、出発の三、四日前より、かねて病気であった当年十五、六才の一人娘が、病態すこぶる険悪に陥り、命旦夕を保し難かったので、陸奥伯ははなはだしくこれを気遣っておったにもかかわらず、国家のためには一家の私事をかえりみるべきでないと、大いに決心するところがあって、「娘が死んでも談判の終わるまではけっして知らせてくれるな」といい残し、奮然出発したのです。

ところが、講和談判も都合よく進捗し、いよいよ条約文に調印という前日になって、陸奥伯の顔色がどうもいつものようでない。聡敏なる伊藤公はたちまちこれを見つけて、「なぜそんなに顔色が悪いか」と訊ねると、原因は、いよいよ談判も無事にすんだという事を新聞で知りでもしたものか、家族より陸奥伯へ娘の危篤を報じてきたためであったのです。よって、伊藤公は、「もう調印だけが残ってるのみのことゆえ、帰京したらどうか」と陸奥伯に勧めてみたが、陸奥伯は断乎として聞かない。首尾よく調印をすましてから陸奥伯が帰京したときには、娘さんは亡くなるばかりになっていたのです。

陸奥伯は、いまや死に瀕する娘の枕頭に座して、長く留守にしたことでもあるからと、いろいろ慰めもし、労《いたわ》りもして看護してやっていると、娘の死期のようやく近づくのを知ってか突然、こんな問いを父の陸奥伯にかけたのです。

「お父さん……わたしはもう死ぬことに心を決めましたが、一つお父さんにお尋ねしたいことがありますから、どうぞ教えて下さいませ。……わたしは死んだら、いったい、どこへゆくんでしょう」

この問いを、瀕死の娘から虫のような声でかけられたときには、「剃刀大臣」と謳われた一代の智者陸奥宗光伯も、さすがに即答できず息詰まりになってしまい、どうもこうもならなかったとのことです。

同時に、陸奥伯は、十五、六の娘が発したこの問いに返事のできないようでは、自分今日までの一生……家を興して名を成し、権を握るに至った栄誉も、一代を圧する智恵も、まったく役に立たない無意義のものなることに思い到り、今日まで何をしてきたのか、これを疑わざるを得ないまでになったのだが、何とか答えてやらねば、瀕死の娘を苦しませるばかりだと思ったので、そこはさすがに一代の智者だけあって、陸奥伯はこう返事をして娘を慰めたのです。

「死んでからどこへゆくものか、父さんにも解らぬが、母さんはお前が病気になってから観音様を信心し、万事を観音様にお任せしておるから、観音様が善いところへ伴れて行ってくださるだろう。心配することはない」

と……こう返事をしてやると、娘もそれで安心したものか「南無観世音菩薩」と観音の名を唱え、間もなく息を引き取って他界したとのこと。

死んだらどこへゆくんでしょう？　と問いをかけられてまごつく人は、独り陸奥伯ばかりではない。お互いに余所事《よそごと》であるなどと思ってはならない。ふだんより心の耳を澄まして「先天内容の声」を聴いておらぬものは、かかる場合に遭遇すると、誰でもみな、まごつくものです。

三、守本尊が無ければ

死んだ人に引導を渡すことより大切なことは、生きている人の導師となって、これに安心を与えることでしょう。しかし、当今は世の中も進んできて、おいおいこんなことに気がつくようになったためか、わたしのもとなどへはほとんど廻りきれぬほどに「なにとぞ息を引き取らぬうちに」と続々と来ます。

先ごろにおいても、ある相当に高い位置にある人が、わざわざわたしを鎌倉まで訪ねてきました。娘が病苦に悩んで瀕死の際にあるから、一度病床を見舞って安心を与え、少しでも苦痛の減ずるようにしてやってはくれまいかとのこと。

いかにも気の毒の至りだと思ったので、その娘を見舞ったのですが、熱が激しくなると呼吸が苦しくなって、その懊悩は並大抵のことではないのです。こみいった法話をしても無駄だと思い、簡単に安心の道を説き聞かせたうえ、二度目に見舞ったときには小さな数珠を授け、「苦しくなったらこれを握るがよい」と申し残してきましたが、それより以来、もとのように余り苦しまぬということでした。

娘は、これによって宗教心を起こし、何か心に信ずるものができたので安心を得られるようになったのであろうと思いますが、わたしは、娘の両親に向かい、あなたたちがまず宗教心を起こすようにせねばならぬと申しました。親に宗教心がないのに、子女にばかり安心立命を得させようとしても、それはとてもできぬ相談です。自分に安心立命がないから、子女が死にかけでもすれば、かくまでまごつかねばならないようにもなるのです。

世の中には、どれほど富貴栄華を極め、権勢隆々でも、精神の潤いに欠けた人がはなはだ多いのです。子女が死のうが、一文なしになってしまおうが、ビクともせぬようになるのには、どうしても精神が豊富で、大安心を得ておらねばならないものです。

むかしの女性ならば、何事も男性任せで、それで安心もしていられたでしょうが、今日のように世の中が進んでくれば進んでくるほど、女性も大小なく諸事自分で決裁してゆかねばならないようになってきましたので、どうしても守本尊がなければ安心して世の中に起っておられぬものです。また、精神に楽しみがなければ、物質によって楽しみを得んと焦り、その結果、新聞の三面記事を賑わすことになったりもなるのです。

四、言行は万人に及ぶ

これは、ものの譬えですが、むかし、ある領地で、目の下三四尺ばかりの大鯉を漁《と》り、大きな盥《たらい》に水を満々と張り、これにその大鯉を入れて殿に献上に及ぶと、殿は非常に悦んで、一家中の者共に拝見を許すから、某日、礼服着用の上、もれなく登城せよとの布令を発された。

よって命のごとく、当日一同の者登城に及ぶと、大盥の前に一同をズラリと並ばせ、さて、殿、仰せいだされるには、「誰か扇を持てる者進み出で、鯉の頭を叩けよ」との事である。委細かしこみて一人の武士進み出で、その手にせる扇を揮って鯉の頭を叩いてご覧に入れたが、殿には満足の模様なく、「まだ力が足らぬわい。もそっと強力の者が出て、ヒシとばかり鯉の頭を打ちのめせよ」と再度のご諚が出た。ここにおいてか、剣術ご指南番の某なる者進み出て、力一杯に扇を握り、ウンとばかり鯉の頭めがけて打ちかければ、さすがの大鯉もこれには応えたものか、盥の上でピンと一つ躍《は》ねたかと思うと、水の沫はサッと上下四方に飛び散り、拝見中の一同、誰も彼も濡れ鼠のごとくなってしまったのです。

そのとき、殿が一同の者に向かわれ、「皆の者、とくと承れ、人の一言一行は、およそかくのごときもので、その及ぶところその人一人のみにとどまらず、広く万人に及ぶぞや」とのご教訓を垂れられたとある。

いかにもその通りで、人がちょっとした病気に罹っても、その影響はその人一人のみにとどまらず、周囲一帯に及ぶものです。

主人が監獄にゆけば、妻は発狂して鉄道自殺を遂げ、嫁いでおった娘は親が罪人であるからと離縁され、遺った子女が孤児になるとか、あるいは、また、主人が監獄から帰ってみれば、妻は留守中に不義の子を妊娠し、娘は情夫を拵えて駆落ちをしておるといったように、一波万波を起こすに至るのが世の常です。

これを思えば、人は男女の別なく、我が一言一行の他に及ぼす影響の並々ならぬものなるを知り、大いにその言行を慎まなければなりません。位置の高くなればなるほど、いっそう、精神上の責任、重大なるに想い到り、物質の快楽のみ追うような、さもしい心現《さま》をしてみせてはならないのです。

【偽りの美は悪を生む】

一、白粉《おしろい》の妖怪《おばけ》や幽霊

わたしは、世間の人たちのように、あまり散歩なんかして歩き廻る方でもないが、ときおり、電車なんかに乗ってみると、近ごろは、なんだか、以前とちがって、車内で沢山の美人にあうような気がしてならない。七、八年ばかりのうちに、日本にも人種改良が行なわれて、急に美人が殖えてきたのかと、怪しみながらよくよくみれば、これはしたり、美人と思われたのは、その実、美人でもなんでもなく、白粉の妖怪や百貨店の幽霊であったりするのです。

むかしから、幽霊には足がないといい伝えられているが、とかく、妖怪変化というものは、ちょっと見たのでは真実そのままのように想われても、どこかに抜けたところがある。血の色が足らぬとか、足がなくって裾ばかりだとかいうことになってるものです。白粉の妖怪なども、やはり、それで、頸のところばかりは白くコテコテ塗られて真白になってるが、顔まで白粉がゆき渡らず、この方はブチで黒かったりなんかする。

俳優なんかも化物に相違なく、六十を越す老俳優が、まだ二十にもならない若い娘になってみせたり、また、若い女優で、老け役の爺さんになってみせたりする人もある。そんなときには、扮装法の方も徹底したもので、顔は申すに及ばず、手足にまでも白粉やら砥の粉やらを万遍なく塗っている。ただ妖怪変化もこれほどまでに徹底して、その三昧に入ってしまえば、これはまたこれで立派な芸術にもなりましょう。

二、猟師と狸の比喩譚

これは、「御代の恩澤《めぐみ》」と題する古い心学の書に載っている比喩譚《たとえばなし》です。

むかしむかし、あるところに、一人の猟師があった。親の年忌に当たって、心ばかりの仏事を営もうと志し、菩提寺の和尚を招き、供養のお経をあげてもらったが、さてお布施の金を出そうにも懐中物がカラで、小玉一つさえない。困り果ててふと横側を見やると、かねて生け捕りにしておいた一匹の狸がおる。これ幸いと猟師はその狸に向かい、

「もしもし狸どん、ひとつ、ここに、お願いがあるが、聞いてはくれまいか。拙者、ただいま、おり悪しく、金の持ち合わせがござらぬ。ご布施を和尚に出そうと思っても出されぬ仕儀、外聞の悪いことこの上なしじゃ。汝、願わくば得意の神変不可思議なる術をめぐらし、いつも包む二匁五分の布施の金に化けてはくれまいか。しからば、一命は、きっと、助けてつかわすが、どうじゃ」

と申したとのこと。

狸、これを聞き、よろこんで申すには、

「命さえお助け下されば、二匁五分に化けるぐらいは愚かなこと、いっそう、気張って、見えよきように、四匁三分の銀一両に化けてしんぜましょう」

と、すぐ、銀一両の小判に化けてみせたとのこと。

猟師は、嬉しがって、さっそく、これを紙に包み、布施物として差し出し、和尚はこれを袂に容れて帰ったが、さてあとに残った猟師、狸が今にも逃げて帰るかと、半日余りも待てど暮らせど、いっこうに姿を見せない。あるいは、偽金の一條、曝露に及んで、叩き

殺されでもしたものかと心配になってたまらず、様子見がてら、菩提寺さしてトコトコ出かける途中、道端に腰帯鉢巻して倒れている件《くだん》の狸に出逢った。

猟師大いに驚き、水を狸に与えて抱き起こし、仔細いかにと訊ねれば、狸、涙ながらに申すには、

「いつものように、二匁五分の布施に化けておきさえすればよかったのに、見えよきようにと思い、銀一両に化けたのが、そもそもわたくし狸の過失《あやまり》。かの和尚、我れを袂に容れるより早く、銀子のいつもにまさりて大きすぎるを怪しみ、落としてはならぬとちょっとも手を離さず、いろいろとひねくり廻すゆえ、その力、五臓六腑《ごぞうろっぷ》にこたえ、手も足も折れるばかりにて、すでに一命も危うからんとするところをようやく逃げのび、このような次第。そなたもいささかの外聞を憚って偽銀を思いつき、わたくし狸も命を助けてもらいたさにかえってこの苦しみ、お互いに一念の心得違いから、偽銀使いよ偽銀使いよ、と世間に囃し立てられては、身を亡ぼすよりほかに道なければ、以後はきっと慎まれよ」

と、猟師を諭したとのことです。

三、万引きの罪もここから

とかく、偽りの美は、悪を生み罪を作るものです。いや、偽りの美は、悪そのもの罪そのものです。

偽りの美は、美ではなくて畸形です。今も猟師と狸の比喩譚で聞いたように、有りもしない銀子を有るように見せかけて使おうとしたり、狸の身をもって銀四匁三分の一両小判に化けたりすれば、かえってとんでもない酷い目にあわされ、半死半生の、恐ろしいていたらくになるばかりです。

早い話が、色を白くしたいの一念が高ずれば、白粉を頸のあたりへ塗りこくるぐらいでは満足できず、毒薬の亜砒酸《あひさん》を服んでみたりなんかして、一命を落とす危険に瀕せねばならないことにもなる。白粉だからとて、毒にこそなれ、決して薬になるものではない。白粉の鉛毒で脳を冒されたり、神経麻痺を起こしたりして苦しんでる人が、ずいぶん多く世間にはあるでないか。実にもって恐るべき事実です。

女性が齢を取っても、なお、若い時分の美貌を幾久しく持ちこたえようとすれば、せっかく子女を産んでも、これに母乳をのませないにかぎるからと、自分の腹を傷めて産んだ子を母乳で育てず、わざわざ乳母をつけたり、牛乳をのませたりして育てることになる。こんな愚かな母親がかなり多いとのこと。こんな莫迦な真似をすれば、母親たる女性の美貌は、あるいはいつまでも美しく、むかしながらの若々しさを維持し得られるかも知れないが、子女の発育不良となり、人種の退化を招来するに至るは必然でしょう。

これなども、みな、四匁三分の銀一両に化けて、生命に別状を起こそうとした愚かな狸のした行為とちっとも変わりはない。近ごろの電車で見かける美人なんか、いずれこの狸の類に非ざるなからんやです。女性が白粉の妖怪に化けるのも、狸が銀一両に化けるのも、ことごとくこれ偽りです。偽りは悪を生み罪を作るものです。

女性も、持って生まれた自然の顔を電車の中でもどこでもさらして、正直真法にばかり振る舞っていたら、悪い男性に誘われて身を持ち崩すに至るような心配もなく、世間から嫌な噂一つ立てられずにすまされるはずです。ところが、なまなか、紅白粉で身をやつし、有りもしない懐中を才覚して、綺麗な羽織の一枚もひっかけたりすれば、それがかえって因《もと》となり、現世ながら地獄の苦しみに泣き、人をもまた泣かせるような業を積むことにもなる。はなはだしきに至っては、偽りの美を飾りたさの一念がつもりつもって、万引きの罪をさえ犯すほどになります。偽りの美は常に善に遠ざかって悪を生み、罪を作るというのは、こういうことです。

四、美と善とは一体なり

しかし、美そのものは、けっして、善に背反すべきはずのものでない。善とは隣り同志のものです。隣り同志というよりも、むしろ、美と善とは二にして一、一にして二なるものです。美しいものは必ず善いものであり、善いものはまた必ず美しいものです。

ただ自然の美のみが善と一致し、美これすなわち善となるのです。不自然な美、偽りの美は、悪を生み罪を作るものです。

【菜根譚《さいこんたん》十五則】

一、道徳に棲守《せいしゅ》する者

棲守道徳者　寂寞一時　依阿権勢者　凄涼万古　達人観物外之物
思身後之身　寧受一時之寂寞　毋取万古之凄涼
（道徳に棲守する者は、一時に寂寞たり、権勢に依阿する者は、万古に凄涼たり、達人は物外の物を観、身後の身を思う、寧ろ一時の寂寞を受くるも、万古の凄涼を取るなかれ）

中国の宋代の儒者に王臣民というものがあって、
「人、常に、菜根を咬み得れば、則ち、百事なすべし」

ということをいった。『菜根譚』という名称は、ここからきたものであって、明の世の洪自誠という隠者の書いたものです。儒・仏・道の三教に出入して、よく三教の精華を発揮している好修養書です。

さて、

「道徳に棲守《せいしゅ》する者は、一時に寂寞《せきばく》たり」

道徳を守って、これを自己の棲家とし、ここに安んじている君子は、とかく、一生涯を不遇の中に終り勝ちです。

むかし、釈尊は、身、一国の太子に生まれながら、王位を捨てること敝履《へいり》のごとく、山林に隠れて難行苦行を積むこと六年、いったん、無上の正覚に徹底せられるや、爾来《じらい》、入滅に至るまで四十九年の間、衆生済度のために、南去北来《なんきょほくらい》、身をかえりみられる暇がなかったのです。孔子のごときも、また、席暖まるときなく、大義名分を唱えて天下を遊説せられたが、時非にして、道容れられず、老脚蹉跎《ろうきゃくさた》として一生を終えられた。

キリストは十字架上に刑戮せられ、ソクラテスは牢獄において毒殺せられた。これらはその一例に過ぎません。古来幾多の志士仁人が、道を守って、迫害に遇い、困苦を嘗めたことは数えきれないほどです。

【菜根譚十五則】

しかしながら、これらは一時の寂寞であって、その道徳は、万古、世人の儀表と仰ぐところです。これに反し、権勢威力におもねりへつらう小人どもは、一時は世に用いられて華やかな生涯を送り得ますが、けれどついに万古に凄涼たりです。その身、ひとたび没して誰かまた、その名を口にする人があるでしょうか。

寂寞も、凄涼《せいりょう》も、共に物淋しい意ですが、寂寞は幽静にして床しく、多少、妙味があるに反し、凄涼は荒廃した悲惨の意があります。

それであるから、達人は物外の物を観、身後の身を思うのです。達人とは、天地の道理に通達した人です。物外の物とは、金銀財宝とかいう水の泡のような眼前のはかなき物でなく、千古、万古、なくなるということのないものです。身後の身とは、現在、我々が、我が身と心得ているこの身体ではないのです。この身体はやがて死んでなくなるものであるが、たとえ、この身体は死んでなくなっても、死なずになくならない身体がある。それが身後の身であって、すなわち死後の名声です。達人は、この物外の物、身後の身に眼をつけているのです。ですから、生前は流離困頓、貧窮のなかに終っても、万世に生命を保っているのです。人と生まれた以上は、この、万世不朽の生命を保つことに心掛けなければなりません。たとえ、一時に寂寞を受けるも、万古の凄涼を取ってはなりません。

二、世を渉る浅ければ

渉世浅　点染亦浅　歴事深　機械亦深　故君子與其練達

不若朴魯　與其曲謹　不若疎狂

（世を渉ること浅ければ点染もまた浅く、事を歴《へ》ること深ければ、機械もまた深し、ゆえに君子は、その練達ならんよりは、朴魯《ぼくろ》なるにしかず、その曲謹《きょっきん》ならんよりは、疎狂《そきょう》なるにしかず）

世を渉るとは、世の中を渡る、すなわち、浮世の浪風に揉まれることです。この浮世の浪風に揉まれることの浅いもの、すなわち、少ないものは、世の中の悪習に染まることもしたがって浅いので、その人は天真爛漫で邪気がない。点染《てんせん》とは、世間の悪習に染まることです。

事を歴《ふ》るとは、世の中のいろいろのことに遭遇して経験を積むことです。その事の多いだけ、それだけ機械もまた多いのです。機械とは、からくりです。権謀術数です。

こんな人は、万事万端、小才が利いて切れ味がよい。が、なかなかもって油断も隙もあったものではない。

だから、「君子は、その練達ならんよりは朴魯なるに若かず」で、世間の万事万端に熟練通達して上手に如才なく切り回すよりも、質朴で、邪気なく、莫迦正直である方がよいのです。朴魯とは、質朴魯鈍であることです。

また、「その曲謹ならんよりは、疎狂なるに若かず」で、あまり遠慮がちで丁寧すぎるよりは、少しは無遠慮であっさりした方がよい。曲謹とは、曲は委曲、謹は謹厚、委曲は礼容あるかたち。礼儀正しく鹿爪《しかつめ》らしいことです。謹厚は、謹み深く遠慮がちで丁寧であるということ。疎狂とは、世間の事に疎くて、とかく、常規を逸するといった人間をいうのです。

三、真味はただこれ淡

醲肥辛甘非真味　真味只是淡　神奇卓異至人　至人只是常
(醲肥辛甘《じょうひしんかん》は真味にあらず、真味はただこれ淡　神奇卓異は至人《しじん》にあらず、至人はただこれ

常なり）

醸は濃い酒で、肥は肥えた肉です。辛は蕃椒《ばんしょう》（トウガラシ）のようにピリリッと辛いもの、甘は砂糖のように甘いもの。この醸肥辛甘は、みな、一種の美味であって、世人が常に舌鼓を鳴らして喜ぶところのものです。

しかしながら、いくら美味しいからといって、こればかりを食べていたならば、かならず嫌気を生じてくるに違いない。というのは、偏味であって真味でないからです。

真の味わいは、米の飯のように淡泊なものであって、とくにこれという美味があるものではない。が、年がら年じゅう、こればかりを食べていても飽きるということはない。これが、とりもなおさず、味わいの極致です。

これと同じく、

「神奇卓異は至人にあらず」

で、神奇とは神変不可思議のことをなすもの。卓異とは、世人に異なった尋常でない人間をいう。このように人は、決して道徳の至った人ではない。道の究極に到達したほどの人は、ただ、これは凡々です。世間並で、いっこうに変わった奇言奇行のあるものではありません。

孔子も、

「怪力乱神を語らず」

といっています。禅の端くれをやったものは、じきに大言壮語したがって困りますが、そんな手合いは、この語を深く味わうべきでしょう。

四、径路窄《せま》きところは

径路窄処　留一歩与人行　滋味濃的　減三分譲人嗜　此是渉世一極安楽法

（径路せまきところは、一歩を留めて人に与えて行かしめ、滋味ゆたかなるものは、三分を減らせ、人に譲って嗜《たしな》ましむ、これはこれ世を渉る一の極安楽法なり）

径路は、小路です。片方は深淵、片方は絶壁といったような小路は、とうてい二人並んで通ることができない。しいて通ろうとすれば、生命を亡きものにする覚悟が必要です。そこで、一歩を踏み留まって、他人を先へ通してあげる。

「滋味《じみ》濃《こまや》かなる的」

とは、滋味ある食物、すなわち、美味です。美味いものは我れも他人も一様にこれを欲する。そこで、たとえ、自分一人で食うべき食物にしろ、三分は減じて、これを他人に与える。このように、何事も控え目にして、一歩を譲り三分を与える。これを謙といい譲という。謙譲をもって世を渉るは、世を渉る極めて安楽な方法です。

武田信玄の歌に、

「誰れも見よ満つればやがて欠く月の　十六夜の空や人の世の中」

というのがあります。

『易経』にも、

「天道は盈《み》つるを虧《か》いで謙に益《ま》す」

といっている。人を押しのけても自己が先に立ち、他人のものまで横取りをしようとするような行為は、ついにこれ、天道に背くものであって、一時は利益を得ることもあろうが、いつか必ず天理の正しさにかえって、それだけ苦痛を覚えなければならないときが到達するのです。

五、高遠の事業なきも

作人無甚高遠事業　擺脱得俗情　便入名流
為学無甚増益工夫　減除得物累　便超聖境
（人となりて甚だ高遠の事業なきも、俗情を擺脱《はいだつ》し得ばすなわち名流に入らん、学をなしてはなはだ増益の工夫なきも、物累《ぶつるい》を減除し得ればすなわち聖境を超えん）

大見識があり、また、大手腕があって、高遠偉大なる事業を成し遂げるほどの人は、その人物が非常の人物です。たとえ、それほどの見識と手腕と事業とがなくても、名聞利欲の欲情を除き去った人であれば、その人はすでに、名流の域に入った人です。擺は、字書に排なりとあって、擺脱は排去とか除去とかいうのと同じ意味で、除き去ることです。

また、学問を修得して、先人未発の説を立てて思想界に一新紀元を画するというがような、いわゆる、増益の工夫に至ってはこれ、また、非常の人物にまたなければならない。が、すでに、物累を除き去ったほどの人であれば、増益の工夫なくとも、もはや立派に聖人の境界にまで飛び超え到ったものです。物累とは、外物のために心をわずらわされることで、「物累を除く」と「俗情を除く」とは、同じ意味です。

六、世を蓋《おお》うの功労も

蓋世功労　当不得一個矜字　弥天罪過　当不得一個悔字

（世を蓋うの功労も、一個の矜の字に当たり得ず。弥天《びてん》の罪過も、一個の悔の字に当たり得ず）

世を蓋うの功労とは、世間を蓋いかぶせるほどの大功労です。天下万世から仰ぎ慕われるほどの大功勲を立てた人でも、もし、その功労に矜《ほこ》るというような心が生じたならば、はやその功勲は、水の泡と消えてしまうのです。これを、

「一個の矜の字に当たり得ず」

といったのです。

なぜかというと、すべて、世の中の事業というものは、大きくなればなるほど、一人だ

けの力ではでき得るものではありません。「一将功成って万骨枯る」とは、古人の痛歎でありますが、まったくその通りで、どれほどの名君でも、どれほどの名将でも、これを補佐する賢臣や勇卒がなかったならば、決して、大功は立て得られるものではありません。それを、自分一人で成し遂げた気になって、高慢の鼻を高くすると、せっかくの大功勲もこの矜の一字によってたちまち消えてしまうのです。功労があればあるだけ、慎まなければならないのは一個の矜の字です。

天に弥《わた》るの罪過とは、天一面に蓋い塞がるほどの罪悪です。神心ともにこれを憎み、天地もともにこれを容れずというほどの大なる罪悪でも、ひとたび、自己の衷心から悔い改めて、翻然、正しきにかえれば、もうその罪悪は消滅してしまうのです。これを

「一個の悔の字に当たり得ず」

といったのです。

なぜかというと、すべて善とか悪とかいうものは、そのもとづくところがこの一心であって、一心ただちにこれ善心となるからです。一個の悔の字、はなはだ、尊ぶべく味わうべきものです。

七、家庭に個の真仏ありて

家庭有個真仏　日用有種真道　人能誠心和気　愉色婉言
使父母兄弟間　形骸兩釈　意気交流　勝於調息観心万倍矣
（家庭に個の真仏あり。日用に種の真道あり。人、よく、誠心和気、愉色婉言《ゆしょくえんげん》、父母兄弟の間をして、形骸ふたつながらとけ、意気交こもごも流れしめば、調息観心に勝ること万倍なり）

この一章は、学人がきわめて意を留めて味わわなければならないところです。ぜんたい、成仏とか、得道とかいうことは、なんでも、坐禅をして、息を調え心を観じ、種々の工夫を積まなければできないように、世人が誤解をしておるように思われるが、それは大きな誤りです。何もそんな難しいものではない。禅では、常に、「脚下を照顧せよ」ということをいうが、それは、難しく考えたり、遠きに求めたりするなという意味なのです。

さて、真正の仏、真正の道というものは、家庭、すなわち、家の内や、日用、すなわち、日々出遇ういろいろの世事中に立派に存在しておるのです。世人がよく、誠実の心を持し、和らいだ気分を保って、常に愉快の顔色をなし、優しい言葉使いをして、一家族、互いに思いやり深く、その間に少しの隔ても置かず、ちょうど、からだが解けあって一つになったように、気合が流れ合って、年中、楽しく生活してゆけるようならば、それが、とりもなおさず、真正の仏、真正の道です。なにも、わざわざ、坐禅や調息観心をして工夫を積むにも及ばないどころか、それらの行ないに勝ることが千倍万倍であるというのです。

個は前にもあった通り一個で、種は一種ということです。愉色は愉快な顔色、婉言は優しい言葉です。

八、動を好む者、寂を嗜む者

好動者雲電風灯　嗜寂者死灰槁木　須定雲止水中
有鳶飛魚躍気象　纔是有道的心体
（動を好む者は雲電風燈、寂を嗜む者は死灰槁木、すべからく定雲止水の中に鳶飛魚躍《えんびぎょやく》の気象あるべし。纔《わずか》に是れ有道的の心体なり）

動を好む者とは、活動を好む人です。活動を好む者は、雲電風灯、すなわち、ピカピカと雲の間から漏れてくる電光や、風の前にチラチラ揺らぐ灯火《ともしび》のようなものであって、しじゅう、動き通しで落着くということがなく、いかにも忙《せわ》しそうです。

寂を嗜む者とは、静寂を嗜む人です。これは、また、死灰槁木《しかいこうぼく》、すなわち、火の消えて冷たくなった灰や、立ち枯れになった樹木のようなもので、生気のないまったくの死物です。死灰槁木の語は、荘子の『斉物論』に、

「形、もとより槁木のごとくならしむべく、心、もとより死灰のごとくならしむべきか」

とあり、ここより出たものです。この二者はいずれも極端に偏ったものであって、けっして中庸を得たものではありません。

すべからく定雲止水の中に、鳶が飛び魚が躍る動的気象を存しておるべき。かくて、はじめて、真個、有道者の心の体というべきです。定雲止水は、一つところにジーッととどまっていて、動きもしなければ流れもしない雲なり水なりで、いわゆる、静的の境界です。

鳶飛魚躍は、『詩経』の大雅旱六麓篇に、

「鳶、天に飛び、魚、淵に躍る」

とあるから出たもので、ここでは活動の状態をいったものとみておけばよい。いわゆる、動的境界のことです。有動的の心体とは、有道者、すなわち、真個に道を行ない得る心の実体ということです。

九、山林の楽しみを談ずる者は

談山林之楽者　未必真得山林之趣
厭名利之談者　未必尽忘名利之情
（山林の楽しみを談ずるものは、いまだ必ずしも真に山林の趣きを得ず。名利の談を厭うものは、いまだことごとく名利の情を忘れず）

山林の楽しみを談ずるものは、いまだ真に山林の趣味を会得したものではない。名利の談話を厭《いと》うものは、その厭うところに気取りがある。いまだ真に名利の情を忘れ尽くしたものではありません。

十、鳥語虫声も伝心の訣

伝

鳥語虫声　総是伝心之訣　花英草色　無非見道之文
学者要天機清徹　胸次玲瓏　触物皆有会心処
（鳥語虫声も、すべてこれ伝心の訣なり。花英草色も、見道の文にあらざるはなし。学者、天機清徹、胸次《きょうじ》玲瓏《れいろう》、物にふれて、みな、会心のところあらんことを要す）

天地の大道といい、宇宙の真理というものは、言語文字のとうてい尽くすところではない。ゆえに釈尊も、四十九年間説法せられた後に、

「我れは一字を説かず」

といわれた。我が禅宗では、「以心伝心」といって、経論によっては教えを立てないのです。ただちに、心をもって心に伝え、代々、仏心を相伝しているのです。ここに仏心といったからとて、そんな特別の心があるわけではなく、宇宙の真理がすなわち仏心です。天地の

大道がすなわち仏心です。これを伝えるからといっても、右から左へ器物を伝えるようにゆくものではない。伝わるからといっても、各人が自得自悟するほかにはないのです。

それなら、どうやって自得自悟するかというと、万物を除いて悟りようがない。仰いで天象を眺め、伏して地理を察す。見るもの聞くものことごとく仏心の発露です。宇宙の真理の露現です。だから、鳥語虫声もすべてこれ伝心の要訣であるといったのです。花英草色も大道をあらわした文章にあらざるはなしです。天地万物は分明に真理を眼前にひろげておるが、これを徹見《てっけん》悟《ご》了《りょう》するものの稀《ま》れであるのはなぜかというと、人々の胸裡に煩悩妄想がみちふさがっておるからです。

学者、よく、天然の心機（心の作用）を清く明らかに澄ませて、胸中を玲瓏《れいろう》たらしめ、見聞するところのものは、みな自己の心に、会得するところがあるようにつとめなければならない。胸次は、胸中というのと同じ。玲瓏は、透き通ることです。

十一、有字の書、無字の書

人解読有字書　不解読無字書　知弾有絃琴

不知弾無絃琴　以迹用　不以神用　何以得琴書之趣

（人は有字の書を読むを解して、無字の書を読むを解せず。有絃の琴を弾ずるを知りて、無絃の琴を弾ずるを知らず。迹をもって用い、神をもって用いず。何をもってか琴書の趣きを得ん）

多くの人は文字のある書物を読むことを知っているが、文字のない活書（宇宙の真理）を読むことを知っていない。弦ある琴はこれを弾ずることができるが、弦なき琴を弾ずるものは少ない。というのが、迹用、すなわち、形骸にのみとりついていて、精神を用いるということができないからです。こうなっては、どうして真実の琴や書の趣味を会得することができるでありましょうか。

むかし、晋の代の陶淵明《とうえんめい》は、一張の弦のない琴を所持しておって、常にこれを弾じて楽しんでおりました。ある人が、その弦のないのを怪んで問うと、淵明は、「もし琴中の趣きを知らば、何ぞ絃上の声を弄せんや」と答えたということでありますが、淵明のごときは真に「無絃の琴を弾ずること解せる者」といわなければなりません。

十二、一字識らずして詩意ある者

一字不識　而有詩意者　得詩家真趣
一偈不参　而有禅味者　悟禅教玄機
（一字識らずして、しかも詩意あるものは詩家の真趣を得。一偈参ぜずして、しかも禅味あるものは、禅教の玄機を悟る）

真趣は真趣味です。偈《げ》は禅の妙旨を述べた韻語です。玄機《げんき》は玄々微妙な禅の機用《はたらき》です。たとえ、一字を知らない無学者でも、詩の意あるものは、立派に詩歌の真趣味を解し得るものです。たとえ、一偈を参究しないでも、禅の妙味を有するものは立派に禅の玄妙な機用を悟っておるものです。いたずらに文字を巧妙に並べるのみが、真の詩歌でもなければ、いたずらに禅語をもてあそんで得意がっているものが、真の禅者でもありません。

十三、拙を以て進み、拙を以て成る

文以拙進　道以拙成　一拙字有無限意味　如桃源犬吠　桑間鶏鳴
何等淳龐　至於寒潭之月　古木之鴉　工巧中　便覺有衰颯気象矣
（文は拙をもって進み、道は拙をもって成る、一の拙の字、無限の意味あり。桃源に犬吠え、桑間に鶏鳴くがごときは、何等の淳龐ぞ）

文章を作るには、功をもてあそんで小刀細工をすることなく、僕拙（飾らずして下手なること）をもって進んで行ったならば、必ず名文章を成し得るときがあります。道徳もその通りです。拙を守って進めば必ず成就するのです。一の拙の字には無限の意味があります。

陶淵明の作った『桃花源の記』に、

「晋の太元中、武陵の人、魚を捕え、渓によって行き、路の遠近を忘る、たちまち桃花の林に逢う、岸を挟むこと数百歩、中に雑樹なく、芳草落英繽紛《ひんぷん》たり、漁人はなはだこれをあやしみ、また前行してその林を窮めんと欲す。林尽きて水源に一山を得たり、山に小口あり、髣髴《ほうふつ》として光あるがごとし、すなわち船を捨てて口より入る、はじめ極めて狭く、わずかに人を通ず、また行くこと数十歩、豁然開朗、土地平曠、屋舎儼然、良田美地、桑竹の属あり、阡陌《せんぱく》交り通じ、鶏犬相聞え、その中種作、男女衣裳、ことごとく外人のごとく、黄髪垂髫、怡然として自ら楽しむ」

とあります。

かの桃源に犬が吠え、桑間に鶏が鳴くというようなものは、何らの純朴無垢な景致でありましょう。寒潭に月映じ、枯木に鴉がとまるようなものは、工巧《たくみ》は工巧だけれど、その工巧の中に衰颯《すいさつ》の気象があって、いまだ上乗のものではない。巧を求めてかえって失敗したものです。

十四、人生もとこれ一傀儡《かいらい》

人生原是一傀儡　只要根帯在手　一線不乱　巻舒自由

行止在我　一毫不受他人提綴　便超出此場中矣

（人生はもとこれ一傀儡、ただ根帯《こんてい》手にあるを要す。一線乱れず、巻舒《かんじょ》自由、行止《こうし》我れに在

り、一毫も他人の提綴《ていてつ》を受けざれば、すなわちこの場中を超出せん）

傀儡は操り人形です。人生は一個の操り人形であると言えます。操り人形というものは、たくさんの糸がついていて、それを動かして手足や眉、目を動かすようになっている。その糸の肝要なところを、しかと手に握っておることが大切です。一線乱れず、巻くも、舒《の》べるも、ゆくも、とどまるも、我が自由自在であって、けっして他人の提綴（干渉）を受けなかったならば、すなわちこの戯場（人生）に在って、戯場の外に超出することができるのです。

十五、人生の炎涼は除き難し

天運之寒暑易避　人世之炎涼難除　人世之炎涼易除
吾心氷炭難去　去得此中之氷炭　則満腔皆和気　自随地有春風矣

（天運の寒暑は避け易きも、人世の炎涼は除き難し、人世の炎涼は除き易きも、吾が心の氷炭は去り難し、この中の氷炭を去り得ば、満腔みな和気にして、自ずから地に随いて春風

あり）

天地の気候が運行して生じる寒暑は、どうにでも避けることができるが、人世の炎涼、すなわち、世間の人の冷熱は、人の力では容易に除くことができない。いや、世間の人の冷熱はいまだ除きやすいが、我が心中の氷炭こそ、最も除きにくいものです。これさえ除き得たならば、満腔みな和気藹々です。どこへ行っても、ところにしたがって春風が吹くことでしょう。

【菜根譚十五則】

附録

釈宗演師を語る

鈴木大拙

今年（一九三三年）の夏、米国シカゴ市で万国博覧会を開くそのついでに、万国宗教大会を催すという計画があったと聞く。しかしそれは中止になったらしい。その理由のひとつとして、もしそんな大会を開くと、今から四十年前に同じ市で同じ会合があった時のように、東方からの宗教者に宣伝の好機会を与え、藪から蛇をつつき出すことになる、しかしそれはキリスト教徒にとって好都合のことではないと、こういうのが一の理由となって中止せられたものだと、ある人は言っていた。こんな理由もあったかも知れない。なぜかといえば、ヴェーダンタ教や仏教などの東方の教えが米国に入り込んだのは、実にインドや日本の人々が宗教大会に大いに気焔を吐いた、その時からのことである。釈宗演師などの名が米国に伝わり、また再度の渡航を促すようになったのは、実にその因縁をこの時に結んだのである。

不思議な因縁で、自分の渡米もこの時に出来たのである。仏教のうちでも禅が割合に英米に知れて来たのも、やはりその機はこの時から熟し始めたのである。それで今釈宗演師について語らんとするに当たり、自分の想いは自然に今度計画せられた宗教大会から四十年前の大会に溯るわけである。

宗演師はその頃、すでに多少英語を解しておられたけれど、大したことではなかった。自分の英語も怪しいものであったけれど、それでも何かの助けになった。大会のプログラムを談じたり、講演の草稿をこしらえたり、往復の手紙を書いたりなどした。今から見ると、どんな事をやったか、随分冷汗をかくような事をやったに違いない。宗演師講演の英訳を了《お》えて、それを当時円覚寺内の帰源院に来ておられた夏目漱石さんに見てもらったことを覚えている。元良《もとら》先生も、その時おられたかと思う。

とにかく、この大会が縁になって、米国のケーラス博士は『仏陀の福音』というものを書いた。これが不思議にも欧米によく売れた。ケーラスは随分沢山、色々な書物を書いたが、今でも売れる本は『仏陀の福音』だけである。彼の名はこれで不朽になるであろう。自分はこの書を和訳した。それから、大会のプログラムによりて、自分はまた、『新宗教論』という一著述をやった。

余宗は知らぬが、こんな大会に臨済宗の管長で師家であったものが単身出かけるなどいうことは、破天荒な事であった。それで宗演師の渡米に反対するものも、かなりあったのは事実だ。しかし師は敢然として外遊することに決心して、著著その準備を進めた。今では禅坊さんの外国行きは何でもないが、時勢も変れば変るもの。ただしその始めをなす人には、かなりの決意と先見とが必要である。この点から見ても、宗演師には時代から一歩先んずるだけの見識と実行力があったわけである。その当時、師はまだ三十を越えること四、五を出なかったと思う（今年代記を持ち合わせていないし、その上自分は殊に時の観念に乏しいので、歴史的記述は何時も無茶苦茶である。乞御諒察）。

その頃、平井金三という人がシカゴ市にいて、大会では仏教のために大雄弁を振ったと聞いている、何でも英語に堪能であったとみえる。インドからはヴィヴェカナンダというヴェーダンタ教の大立者が来て、この人が大会の花形役者であった。今時の米国のキリスト教者は、この人のようなものが、また大会に乗り込んで来るかと心配しているのだ。インド人は語学の天才で、雄弁・高論をやる、その上インド思想の幽遠なところを滔滔《とうとう》としゃべり立てたので、キリスト教のほか、世界に何の宗教もないと思っていたものにとっては、千年の夢一時に醒めたという塩梅であったに違いない。仏教者はそれほどに光彩を放たなかったが、今までのキリスト教的伝統・因襲に飽きたらずいたものは、喜んで仏教に耳をそばだてたのである。宗演師の一行は、シカゴ市附近の富豪で、また思想界の趨向に興味を持っていたヘグラー翁に招かれ、その家にしばらく滞在して、宗教上の問答をやった。もとより師などは余り語学がいけないので、相手役は平井氏が主として勤めたが、言葉の上よりも、人格の上で一段の威圧を感ぜしめたのは、宗演師であったらしい。それは自分が渡米してからも、何時までもその人々の口に上ったからである。これに言葉が自由に出来たら、中々面白い事もあったろうと思う。とにかくこれが機会となって、ケーラス氏をして『仏陀の福音』を書かしめたことは、大なる収穫であった。

宗演師は人を包容するだけの器量を備えておられた、即ち人をして出来るだけその力を延ばさしめられた。自分等でも、喜んでその能を尽くさんとの決心をしたものである。親切でよく人の世話をせられたけれど、干渉がましいことは少しもしなかった。他を信じすぎられたかと思われさえもした。自分の力ではどうかと危ぶむことでも、平気で、「やれ」と命ぜられた、そう言われると、何だか今まで無い自信までついて来ることもあった。

こんな風にして弟子を育てられたものと見える。しかし自分等は俗人でもあった故か、そんなに叱られたこともなかったが、植村などは随分ひどくやられたと思われた。植村定造というのは、始め自分等と一緒に学生として参禅したものだ。ところが、大学を出てから植村は坊さんになった。老師の弟子になって宗光と命名せられた。自分が在米十余年間に一廉の人物に仕上げられたらしい。その間の生活は知らなかったが、老師が再度の渡米の時洩らされた述懐談で、その模様の大体を知り得た。宗光の亡くなったのは、宗演師にとって非常な打撃であった。彼がもし今日に生きていたなら、一方の宗匠として、何かやり得たと思う。他のお師家さん達や管長さん等のように、妙に納まりこんで、「吾こそは三界の大尊師でござる」と言っていることはなかろうと信ずる。

話は横に入ったが、植村宗光は、日露戦争が休戦の仮条約を締結したその次の日に戦死したのである。彼は予備少尉か中尉であったので、戦争に呼び出された。戦争も大分進んでいた頃なので、新参の士官などは古参のものにいじめられたそうだ。それで馬賊の指揮の方へまわされて、正規の戦闘よりも、間道へ間道へと進んで行った。これが早く休戦の報に接する機を失した所以だ。その頃東京の自分へ送った手紙には、「直宗光」という赤い大きな名刺を添えて、実戦に処した経験などを審《つまびら》かに言って来た。通化附近の戦に股を射貫かれて倒れ、遂に捕虜となったらしい。それから先は、どうしても分明でない。その筋も手を尽くしたが、どうも通化あたりで銃殺せられたらしい。その報知が在米の宗演師の手許に来たのだ。

もう休戦にもなったから植村も除隊で渡米して来るかも知れぬなどと、互に噂して喜んでいた矢先、宗光戦死の知らせ。その時の老師の落胆の模様は今でも目に浮ぶようだ。「死んではもう万事休す」だと言われた時、自分も旧友を懐《おも》うて悵然《ちょうぜん》たらざるを得なかった。丁度夕方頃で、太平洋沿岸の一室、落莫たる大海原に対して憮然《ぶぜん》久之の光景、誠に気の毒であった。その後老師の洩らされた言葉に、「こんなに死んで行くなら、あれほどにしなくても善かったのに」と言うのである。その意味は、「あれまでに強く痛棒を加えて、無慈悲と思われるほど鍛錬の力を加えなくてもよかった、可哀相なことをした」という心である。植村は中年で僧侶になったもの故、殊に目をかけて、我慢の角を矯め、かつ他時異日《たじいじつ》の発展を期せんとて、痛く鉗鎚《けんつい》を加えられたものと見える。それでこの長歎息《ちょうたんそく》があったわけだ。親が子供に対すると同じ情熱の気分が見える。宗演師は一個の禅僧として、意志強く、また世を浮雲のごとく見て行く、いわゆるお悟りの人のように思われもしたであろうが、その実、情の人であった。

情の話をすると、こんなことがあった。ある時、若い婦人（と思う）が早世した。その葬式に臨んで、ふと、師は涕泣《ていきゅう》した。傍人はこれを怪しんで、「世捨人にも亦これあるか」と言う。このことを師は後からわしらに話して、「世間では禅坊主はまるで人間でないと思っているらしい」と言っておられた。

宮崎虎之助は、「予言者」として飛びあるいた、妙な宗教者であった。わしの所へ尋ねて来て、これから東慶寺へ行くから紹介せよと言う。宗演師に会って、色々と自分の不遇・不幸を訴えたと見える、即ち或る宗教者は有福なブル的生活をしているのに、自分は轗軻《かんか》不遇、今日の衣食にすら窮するという不平であったらしい。これは後から老師から聞いたのである。その時老師は、「そんな不平があっては、まだ真の予言者にはなれぬ、今一段の修行を要する。しかし実際問題として、衣食に窮してはお困りだろう」と言って、老師は信者の喜捨金一包をそのまま与えて別れられたことがある。宮崎君のような宗教家は時々見つかる。一種の体験はあるが、知性の発達が、これに伴っていないので、事物全般の展望が欠けている、それで畸形児的なものに成ってしまう。一寸書き加えておく。

野田大塊居士が、野人そのままの風采で、円覚寺から下りて来て、向いの松ヶ岡へ行かれるのに、時々出くわしたことがある。呼ばれて東慶寺で一緒に話したこともある。少し出過ぎたかも知れぬが、ある日老師に、「野田という人は、いわゆる昔風の豪傑で、麁枝大葉《そしたいよう》、今日の政治家に適しているか、どうです」といった。すると老師は、「いや、ああ見えても、中々秩序の立ったよい頭を持って居る」とて、深く推奨せられたことを覚えて居る。また、ある時、円覚寺中興の祖、誠拙《せいせつ》和尚に「大用国師」の追諡《ついし》があった時、わしはまた出過ぎたことを言ったことがある、「今日の坊さんは、国師号を戴くことや、寺を建てたり、法事をしたりすることに、骨を折ってばかりおる。もっと建設的な仕事をやらぬと、仏教や禅道の将来は思いやられる」と。こう言った時、老師はいつものようには何の意見も吐かれず、黙しておられた。寺を建てること、法事のことなどについての老師の意見は多少知っているが、今度は国師号のことをつけ加えて愚見を吐いたので、「予が現に報いんとする切情を知らぬ、この馬鹿奴」とでも思われて、沈黙を守られたかと、まあ今はそう考えている。

宗演師は六十一にならんとして逝かれた。今日生きておられぬ齢でもない。おられると、有難い高僧であったろう。折に触れて逝かれた人を思うこと誠に切なるものがある。学生時代から、金がなければ金を貰い、智慧が足りなければ智慧を借り、徳が薄いところ、気のきかぬところは、その時々に補って貰い、亡くなられるまで面倒をかけたその人と、相別れて既に十五年ほどになる。

師は誰にでも情の厚い人であったが、自分から見ると殊にそんなように感ずる、これは人情の常であろう。

今日師を語らんとして、ただ思い出すことの一片を書き付くると、何時とはなしに、私情を語るようになった。読者の寛恕を乞う。

（三月三十一日、円覚寺、春雨に閉籠められて記す。）

釈宗演老師のこと（「宗演老漢」より）

徳富蘇峰

（前文を略す）

私は禅学において門外漢なので、この方面における老師については口を閉ざしておく。ただ、個人として老師をみれば、敬服すべき点が多い。老師は常に進取の気をもって充溢している。老師は進歩の味方であるというだけでなく、その人自身が進歩そのものであると言っていい。老師は活動の権化にして、寸時も逸遊（気ままに楽しみ遊ぶこと）することはない。敢えてその欠点を言えば、むしろ余りに新に走りすぎることにあり、また余りに動的であることにある。そしてさらに敬服すべき点は、利欲、権勢に対して脱然、超然とした態度であることである。

およそ老師のように、その興趣の世間的なこと饒多にして、その心事の出世間的なるものは、天下古今絶無とまで言わないまでも、僅有な例であると言わざるを得ない。その世俗的なところは、世俗に偏在し、その高踏的なところは高踏に偏在する。天下に俗僧はもっとも多く、高僧は時には少しくらいいるだろう。しかし、老師は容貌俗にして、その心は高く、その手は世間に働き、その魂は天上にある。もし老師に少しでも名利の念があれば、彼はこれを得るにおいて、必ずその方便も多かろうと思う。

しかしひとことで言えば、彼はその俊敏、鋭利な理智、才覚の閃きに似ず、むしろ世渡りには疎いといえる。いや僧侶としてさえ、彼は大いなる野心家とはいえない。ただ自己の所信に向かって、突進する以外は、一切を行雲流水に任せ去っているように見える。

殊更に、敬服すべきは、老師は、未だかつて第三者に対して、他の長短を決して言わないことである。およそ宗教家というものは、淡白なものであるけれども、その狭溢なる環内に割拠する結果は、緇衣《しえ》を纏った御殿女中とでもいうようなのも少なくはない。ただ老師にあっては、その表面覇気満々であるにかかわらず、何ら這般のわだかまりを見ることはない。もしその欠点を言うならば、むしろ莫迦正直ともいえるところであるだろう。思うに、老師の門下、桃李門に満つ（俊秀の士が多くいる）。しかもこれ自然にひきつけられて来たものばかりである。その門戸をひろげ、勢力を拡充せんがために力を尽くしたというわけではない。彼は、宣伝者たる気分はこれほども持ち合わせていない。また彼にはほとんど政治家のような気分を見いだすことができない。これがないことが、かえって老師の大きさになっている。

晩年痛く自ら戒飾して稠人広座の中で、会食する者と同一の料理をとって平然としていた。すなわち人前に素を喫し、密室に肉を喫するがごときは、彼の自らいさぎよしとしないところである。

不思議なのは、老師にはどこにも、月並みな禅僧らしい習気《じっけ》、態度がない。あらゆる禅僧的性格は、ほとんど皆無といっていい。

老師は学問をもって自らを衒うことはない。彼は下問を恥じず、何びとにも知らないことを知らないとこたえる。しかし実際は、彼にはその地位相応の学問がある。特に時勢に注意し、世界の大勢を通覧している。いわゆる大徳善智識、天下その人である。しかも天下の僧侶にして、彼のように時代の精神を理解し、世界の気分を知る者がどれほどいるだろうか。けだしその道のために尽くさんとする雄心は、年とともにいよいよ熾盛《しじょう》（勢いの盛んなこと）をもってなり。（以下略）

（大正八年十一月二日）

葬儀記

芥川龍之介

離れで電話をかけて、皺くちゃになったフロックの袖を気にしながら、玄関へ来ると、誰もいない。客間をのぞいたら、奥さんが誰だか黒の紋付を着た人と話していた。が、そこと書斎との堺には、さっきまで柩の後ろに立ててあった、白い屏風が立っている。どうしたのかと思って、書斎の方へ行くと、入口の所に和辻さんや何かが二、三人かたまっていた。中にももちろん大ぜいいる。ちょうど皆が、先生の死顔に、最後の別れを惜んでいる時だったのである。

僕は、岡田君のあとについて、自分の番が来るのを待っていた。もう明るくなったガラス戸の外には、霜よけの藁を着た芭蕉が、何本も軒近くならんでいる。書斎でお通夜をしていると、いつもこの芭蕉がいちばん早く、うす暗い中からうき上がってきた。――そんなことをぼんやり考えているうちに、やがて人が減って書斎の中へはいれた。

書斎の中には、電灯がついていたのか、それともろうそくがついていたのか、それは覚えていない。が、なんでも、外光だけではなかったようである。僕は、妙に改まった心もちで、中へはいった。そうして、岡田君が礼をしたあとで、柩の前へ行った。

柩のそばには、松根さんが立っている。そうして右の手を平にして、それを臼でも挽く時のように動かしている。礼をしたら、順々に柩の後ろをまわって、出て行ってくれという合図だろう。

柩は寝棺である。のせてある台は三尺ばかりしかない。そばに立つと、眼と鼻の間に、中が見下された。中には、細くきざんだ紙に南無阿弥陀仏と書いたのが、雪のようにふりまいてある。先生の顔は、半ば頬をその紙の中にうずめながら、静かに眼をつぶっていた。ちょうど蝋ででもつくった、面型のような感じである。輪廓は、生前と少しもちがわない。が、どこかようすがちがう。唇の色が黒ずんでいたり、顔色が変わっていたりする以外に、どこかちがっているところがある。僕はその前で、ほとんど無感動に礼をした。「これは先生じゃない」そんな気が、強くした。(これは始めから、そうであった。現に今でも僕は誇張なしに先生が生きているような気がしてしかたがない)僕は、柩の前に一、二分立っていた。それから、松根さんの合図通り、あとの人に代わって、書斎の外へ出た。

ところが、外へ出ると、急にまた先生の顔が見たくなった。なんだかよく見て来るのを忘れたような心もちがする。そうして、それが取り返しのつかない、ばかな事だったような心もちがする。僕はよっぽど、もう一度行こうかと思った。が、なんだかそれが恥しかった。それに感情を誇張しているような気も、少しはした。「もうしかたがない」――そう、思ってとうとうやめにした。そうしたら、いやに悲しくなった。

外へ出ると、松岡が「よく見て来たか」と言う。僕は、「うん」と答えながら、うそをついたような気がして、不快だった。

青山の斎場へ行ったら、靄《もや》がまったく晴れて、葉のない桜のこずえにもう朝日がさしていた。下から見ると、その桜の枝が、ちょうど鉄網のように細く空をかがっている。僕たちはその下に敷いた新しいむしろの上を歩きながら、みんな、体をそらせて、「やっと眼がさめたような気がする」と言った。

斎場は、小学校の教室とお寺の本堂とを、一つにしたような建築である。丸い柱や、両方のガラス窓が、はなはだみすぼらしい。正面には一段高い所があって、その上に朱塗の曲彔が三つすえてある。それが、その下に、一面に並べてある安直な椅子と、妙な対照をつくっていた。「この曲録を、書斎の椅子にしたら、おもしろいぜ」――僕は久米にこんなことを言った。久米は、曲録《きょくろく》の足をなでながら、うんとかなんとかいいかげんな返事をしていた。

斎場を出て、入口の休所へかえって来ると、もう森田さん、鈴木さん、安倍さん、などが、かんかん火を起した炉のまわりに集って、新聞を読んだり、駄弁をふるったりしていた。新聞に出ている先生の逸話や、内外の人の追憶が時々問題になる。僕は、和辻さんにもらった「朝日」を吸いながら、炉のふちへ足をかけて、ぬれたくつから煙が出るのをぼんやり、遠い所のものを見るようにながめていた。なんだか、みんなの心もちに、どこか穴のあいている所でもあるような気がして、しかたがない。

そのうちに、葬儀の始まる時間が近くなってきた。「そろそろ受付へ行こうじゃないか」――気の早い赤木君が、新聞をほうり出しながら、「行《い》」の所へ独特のアクセントをつけて言う。そこでみんな、ぞろぞろ、休所を出て、入口の両側にある受付へ分れ分れに、行くことになった。松浦君、江口君、岡君が、こっちの受付をやってくれる。向こうは、和辻さん、赤木君、久米という顔ぶれである。そのほか、朝日新聞社の人が、一人ずつ両方へ手伝いに来てくれた。

やがて、霊柩車が来る。続いて、一般の会葬者が、ぽつぽつ来はじめた。休所の方を見ると、人影がだいぶんふえて、その中に小宮さんや野上さんの顔が見える。中幅の白木綿を薬屋のように、フロックの上からかけた人がいると思ったら、それは宮崎虎之助氏だった。

始めは、時刻が時刻だから、それに前日の新聞に葬儀の時間がまちがって出たから、会葬者は存外少かろうと思ったが、実際はそれと全く反対だった。ぐずぐずしていると、会葬者の宿所を、帳面につけるのもまにあわない。僕はいろんな人の名刺をうけとるのに忙殺された。

すると、どこかで「死は厳粛である」と言う声がした。僕は驚いた。この場合、こんな芝居じみたことを言う人が、僕たちの中にいるわけはない。そこで、休所の方をのぞくと、宮崎虎之助氏が、椅子の上へのって、伝道演説をやっていた。僕はちょいと不快になった。が、あまり宮崎虎之助らしいので、それ以上には腹もたたなかった。接待係の人が止めたが、やめないらしい。やっぱり右手で盛なジェスチュアをしながら、死は厳粛であるとかなんとか言っている。

が、それもほどなくやめになった。会葬者は皆、接待係の案内で、斎場の中へはいって行く。葬儀の始まる時刻がきたのであろう。もう受付へ来る人も、あまりない。そこで、帳面や香奠《こうでん》をしまつしていると、向こうの受付にいた連中が、そろってぞろぞろ出て来た。そうして、その先に立って、赤木君が、しきりに何か憤慨している。聞いてみると、誰かが、受付係は葬儀のすむまで、受付に残っていなければならんと言ったのだそうである。至極もっともな憤慨だから、僕もさっそくこれに雷同した。そうして皆で、受付を閉じて、斎場へはいった。

正面の高い所にあった曲彔《きょくろく》は、いつの間にか一つになって、それへ向こうをむいた宗演老師が腰をかけている。その両側にはいろいろな楽器を持った坊さんが、一列にずっと並んでいる。奥の方には、柩があるのであろう。「夏目金之助之柩」と書いた幡《はた》が、下のほうだけ見えている。うす暗いのと香の煙とで、そのほかは何があるのだかはっきりしない。ただ花輪の菊が、その中でうずたかく、白いものを重ねている。——式はもう誦経《ずきょう》がはじまっていた。

僕は、式に臨んでも、悲しくなる気づかいはないと思っていた。そういう心もちになるには、あまり形式が勝っていて、万事がおおぎょうにできすぎている。——そう思って、平気で、宗演老師の秉炬法語《へいきょほうご》を聞いていた。だから、松浦君の泣き声を聞いた時も、始めは誰かが笑っているのではないかと疑ったくらいである。

ところが、式がだんだん進んで、小宮さんが伸六さんといっしょに、弔辞を持って、柩の前へ行くのを見たら、急に瞼《まぶた》の裏が熱くなってきた。僕の左には、後藤末雄君が立っている。僕の右には、高等学校の村田先生がすわっている。僕は、なんだか泣くのが外聞の悪いような気がした。けれども、涙はだんだん流れそうになってくる。僕の後ろに久米がいるのを、僕は前から知っていた。だからその方を見たら、どうかなるかもしれない。――こんなあいまいな、救助を請うような心もちで、僕は後ろをふりむいた。すると、久米の眼が見えた。が、その眼にも、涙がいっぱいにたまっていた。僕はとうとうやりきれなくなって、泣いてしまった。隣にいた後藤君が、けげんな顔をして、僕の方を見たのは、いまだによく覚えている。

それから、何がどうしたか、それは少しも判然しない。ただ久米が僕の肘をつかまえて、「おい、あっちへ行こう」とかなんとか言ったことだけは、記憶している。そのあとで、涙をふいて、眼をあいたら、僕の前に掃きだめがあった。なんでも、斎場とどこかの家との間らしい。掃きだめには、卵のからが三つ四つすててあった。

少したって、久米と斎場へ行ってみると、もう会葬者がおおかた出て行ったあとで、広い建物の中はどこを見ても、がらんとしている。そうして、その中で、ほこりのにおいと香のにおいとが、むせっぽくいっしょになっている。僕たちは、安倍さんのあとで、お焼香をした。すると、また、涙が出た。

外へ出ると、ふてくされた日が一面に霜どけの土を照らしている。その日の中を向こうへ突っきって、休所へはいったら、誰かが蕎麦饅頭を食えと言ってくれた。僕は、腹がへっていたから、すぐに一つとって口へ入れた。そこへ大学の松浦先生が来て、骨上げのことか何か僕に話しかけられたように思う。僕は、天とうも蕎麦饅頭もしゃくにさわっていた時だから、はなはだ無礼な答をしたのに相違ない。先生は手がつけられないという顔をして、帰られたようだった。あの時のことを今思うと、少からず恐縮する。

涙のかわいたのちには、なんだか張合いのない疲労ばかりが残った。会葬者の名刺を束にする。弔電や宿所書きを一つにする。それから、葬儀式場の外の往来で、柩車の火葬場へ行くのを見送った。

その後は、ただ、頭がぼんやりして、眠いということよりほかに、何も考えられなかった。

（大正五年十二月）

著者略歴

釈宗演（しゃく　そうえん）

洪岳宗演。明治大正期の臨済宗の僧。鎌倉円覚寺管長を務めた。1860（安政6）年、若狭国生まれ。慶応義塾卒。禅を初めて「ZEN」として欧米に伝えた僧侶として知られる。1893（明治26）年のシカゴ万国宗教会議に参加。このとき通訳として同行した鈴木大拙が、後に禅を欧米に広めた。また夏目漱石、徳富蘇峰などにも影響を与えた。著書多数。1919年没。

禅《ぜん》に学《まな》ぶ明《あか》るい人生《じんせい》

2019年1月25日　初版第一刷発行

著者　釈《しゃく》　宗《そう》　演《えん》

発行者　佐藤今朝夫

〒174-0056 東京都板橋区志村1-13-15

発行所　株式会社　国書刊行会

TEL.03(5970)7421(代表)　FAX.03(5970)7427

http://www.kokusho.co.jp

落丁本・乱丁本はお取替いたします。印刷・㈱エーヴィスシステムズ　製本・㈱ブックアート

ISBN978-4-336-06344-1